会计准则变革与
资本市场信息效率

于 悦 著

本书为国家自然科学基金青年科学基金项目（编号：71702027）及教育部人文社会科学研究青年基金项目（编号：17YJC790192）的阶段性研究成果

科 学 出 版 社

北 京

内 容 简 介

本书的中心议题为探讨我国会计准则变革对资本市场信息效率影响效果和路径的相关问题。从分析师盈余预测的准确性、短期市场反应的功能锁定现象及体现长期投资决策的股价中的特质信息含量三个方面检验会计准则变革对资本市场信息效率的影响。本书试图拓展资本市场信息效率的理论内涵，进而丰富行为会计学中的认知局限理论在资本市场信息效率研究中的理论解释；为资本市场上功能锁定相关问题的检验提供一种全新的方法；同时发现分析师和投资者在市场自我调节机制中的作用，有助于实现信息使用者对信息提供者的反向制约。

本书可以为会计准则制定与执行及会计与资本市场相关领域的研究人员、证券机构、投资者等实务界人士及在校博士和硕士研究生提供借鉴和参考。

图书在版编目（CIP）数据

会计准则变革与资本市场信息效率/于悦著.—北京：科学出版社，2020.8

ISBN 978-7-03-064054-3

Ⅰ.①会⋯ Ⅱ.①于⋯ Ⅲ.①会计准则-研究-中国 ②资本市场-研究-中国 Ⅳ.①F233.2 ②F832.5

中国版本图书馆 CIP 数据核字（2020）第 014525 号

责任编辑：邓 娴／责任校对：贾娜娜

责任印制：张 伟／封面设计：有道设计

科 学 出 版 社 出版
北京东黄城根北街 16 号
邮政编码：100717
http://www.sciencep.com

北京建宏印刷有限公司 印刷
科学出版社发行 各地新华书店经销

*

2020 年 8 月第 一 版　开本：720×1000　B5
2020 年 11 月第二次印刷　印张：9 1/2
字数：192 000

定价：**86.00 元**
（如有印装质量问题，我社负责调换）

本书由

　　　大连市人民政府资助出版

前　言

本书是作者在博士学位论文成果基础上完成的，受国家自然科学基金青年科学基金项目"财务困境下供应链关系治理：维护阈值与策略选择"（编号：71702027）和教育部人文社会科学研究青年基金项目"供应链关系与合作绩效：关系承诺方式选择及其调节效应检验"（编号：17YJC790192）的资助。相关研究成果曾发表于《会计研究》《系统工程理论与实践》《金融评论》等国家级重要学术期刊，论文《会计准则变革、企业财务行为与经济发展的传导效应和循环机理》也曾荣获中国会计学会2013年度会计学优秀论文二等奖。同时，也要感谢科学出版社编辑对本书所付出的辛勤工作与大力支持。

资本市场最重要的功能在于对经济资本的所有权进行分配，保持最优的资本配置是各国经济发展的关键问题。信息披露在现代资本市场的发展中起到至关重要的作用，良好的信息环境能促进证券的合理定价，而市场上的价格为引导资源合理分配提供了准确的信号。较低的信息质量和信息效率一直是阻碍市场资源合理配置的障碍。我国经济和社会正处于高速发展的重要历史阶段，为保持这种发展态势，需要对资本市场的资源配置效率提出更高的要求。与发达国家相比，我国资本市场信息生成、加工、传递、交换、运用的功能系统尚不完善，迫切需要准确把握那些阻碍有效资源配置实现的信息处理环节，并予以改进，因此，研究如何改善资本市场信息环境和提高资本市场信息效率具有重要意义。

资本、产品和劳务全球化进程的加速，促进了世界范围内统一采用国际会计准则（international accounting standards，IAS）的需求逐步膨胀，但各国的法律、政治和经济环境不同，是否能够采用一套无差异的准则？尤其是各国的资本市场环境可能存在明显差别，会计准则的国际趋同可能会给不同国家带来截然不同的经济后果。

2007年《企业会计准则》正式实施，并在2007年底至2009年分别获得了美国及欧盟等国家和组织的等效认可。2010年4月2日，财政部发布的《中国企业会计准则与国际财务报告准则持续趋同路线图》明确了我国企业会计准则国际趋同的立场，坚持持续趋同是在国际互动基础上的趋同，这意味着在新会计准则即 2007 年实施的《企业会计准则》实施过程中，需要及时发现国际财务报告准则（international financial reporting standards，IFRS）在新兴市场经济国家的适应性，从而在参与 IFRS 的制定和修改的过程中提出合理的建议，确保会计准则在我国的实施效果。因此，当前迫切需要在我国资本市场环境下，针对 2007 年会计准则变革对资本市场信息效率影响进行系统研究。

我国资本市场存在所有新兴资本市场发展过程中面临的共同问题。中国证券监督管理委员会在《中国资本市场发展报告》中指出，与成熟市场相比，我国资本市场在规模、结构、市场机制、信息效率、投资者结构、上市公司内外部治理约束机制、诚信环境和市场监管等方面都存在不足且面临着挑战，这其中能够对会计准则施以影响的便是资本市场上的信息效率。会计准则规范企业的信息披露行为，确保对外报送的财务会计报告能满足外部信息使用者的需求，但国际上普遍证实能够提高信息效率的 IFRS 在我国的实施效果尚不确定，因此，会计准则的国际趋同在我国"新兴加转轨"的资本市场环境下将面临以下几个问题。

首先，我国企业的公司治理水平受体制和机制等多种因素的影响。股东大会、董事会、监事会并没有发挥其应有的作用，工作流于形式；部分国有上市公司代理问题严重，利益侵占和渎职行为频繁发生，这就导致了一些公司在经营运作上存在问题，而管理者倾向于采取盈余管理行为来达到预期收益，导致会计准则变革并未真正发挥改善信息披露的作用。

其次，我国证券分析师是否很好地履行了信息媒介的职责。证券分析师作为资本市场上的信息媒介和投资者决策的"参谋"，应该充分利用其信息优势和专业技能，相对准确地对企业未来收益给出评价，改善信息环境，提高资本市场信息效率。然而，近年来，证券分析师的错误评估事件屡有发生，乐观情绪通常导致出现高估收益、低估风险的现象，致使证券分析师行业遭受到信任危机。会计准则变革将影响证券分析师的可用信息，进而影响其产出信息的准确性，因此会计准则变革后，我国证券分析师预测的现状有望得到改变。

最后，我国证券市场中个人投资者比例偏高、机构投资者规模较小、发展不均衡。个人投资者普遍存在持股周期短、交易频繁、换手率高的特点，与机构投资者相比，他们对信息的获取、分析和运用能力不强，存在更严重的认知局限。部分个人投资者能够关注企业的财务会计报告，但对于盈余的理解仅局限于数字的表面，并不能给予准确的评价和估值。会计准则变革被期待能够通过改善信息披露质量和信息环境，提高个人投资者的决策效率。同样，我国的机构投资者也没有发挥外部治理和监督制衡的功能，不利于提高会计准则的执行效果。

综上所述，由我国资本市场的发展状况可以推断，资本市场信息效率是资源配置效率提升的关键制约因素，且我国会计准则变革要达到预期目标，必须考虑一系列会计准则执行方面的问题。本书界定的资本市场信息效率是指我国资本市场上证券价格反映上市公司未来价值的准确性,具体包括企业提供的财务和非财务信息与企业未来价值的相关性,信息媒介(证券分析师)在信息加工传递过程中的无偏性,证券投资者对信息理解和分析的客观性,证券价格包含公司信息的充分性及市场价格引导资源配置的有效性。根据此定义,本书从三个方面检验会计准则对资本市场信息效率的影响,即分析师盈余预测的准确性、短期市场反应的功能锁定现象及体现长期投资决策的股价中的特质信息含量。本书试图拓展资本市场信息效率的理论内涵,进而丰富行为会计学中的认知局限理论在资本市场信息效率研究中的理论解释;将盈余反应系数(earnings response coefficient, ERC)应用于功能锁定现象的研究中,为资本市场上功能锁定相关问题的检验提供一种全新的方法;另外,作者还发现证券分析师和证券投资者在市场自我调节机制中的作用,有助于明确利害关系,促进信息使用者对信息提供者反向制约的实现。

本书的研究目标是通过对会计准则变革与资本市场中信息效率关系的理论论证,发现会计准则变革的影响路径,拓展会计理论研究的视野;通过会计准则变革影响资本市场信息效率的效果检验,来发现在我国资本市场中,阻碍会计准则变革目标实现、制约会计准则发挥积极作用的关键因素,提出相应的解决办法,为资本市场的信息维护和监管措施的设计提供理论及经验支持。

同时,为实现以上目标,要进一步回答以下几个问题:①资本市场信息效率的基本内涵是什么?②会计准则变革可能给信息披露质量、信息传递媒介(分析师预测)、信息使用者决策(短期或长期)分别带来哪些影响?③会计准则变革对信息传递路径中各个环节信息载体和决策行为带来哪些影响,这个传递路径中影响信息效率的关键因素是什么?④如何促进会计准则变革目标实现,提升政策执行效率?

本书遵循科学研究的一般思路,确立了逻辑框架。在深入讨论会计准则影响资本市场信息效率的理论基础上,针对会计准则变革对资本市场信息效率的影响,沿资本市场信息流转过程展开资本市场信息效率的检验,具体包括会计准则变革对信息产出和质量的影响检验、对信息媒介的信息加工处理效率的影响检验、对信息使用者短期决策结果和长期决策习惯的影响检验。为了达到研究目标,具体针对每部分内容的特点,采用了多种研究方法,包括文献法、归纳演绎法、多元回归方法等。本书共分为七章,具体安排如下。

第一章阐述会计制度变革与信息效率的基本理论。通过对行为会计学理论发展脉络的分析和梳理,定位本书研究依据的基本理论;围绕本书的研究内容,介绍会计与资本市场研究领域的相关理论,包括有效市场假说(efficient market hypothesis, EMH)、功能锁定假说(functional fixation hypothesis, FFH)、信息不对称及委托代理问题、会计信息有效性及会计准则执行效果,为本书研究的开展奠定理论基础。

第二章阐述会计准则变革影响研究的理论发展。回顾会计准则变革与信息披露质量的研究进展，同时梳理会计准则变革与分析师盈余预测、资本市场功能锁定现象及股价中特质信息含量的相关研究，最后对现有研究存在的问题和局限性进行讨论。

第三章阐述会计准则变革影响资本市场信息效率的理论分析。该章首先阐述本书的研究对象，即资本市场信息效率的描述性概念和内涵，阐释本书研究的主要内容与研究目标的关系；其次，从会计准则变革对信息披露质量的影响及会计准则变革对资本市场信息环境的影响两个角度论证本书的主题。

第四章阐述会计准则变革与分析师盈余预测的准确性。该章检验会计准则变革前后分析师盈余预测准确性的显著变化，分析会计准则变革可能带来的管理者盈余管理行为的改变，并通过证明真实盈余管理在会计准则变革和分析师盈余预测准确性之间的中介作用，发现会计准则变革影响分析师盈余预测结果的路径。

第五章阐述会计准则变革与资本市场功能锁定现象。该章检验了我国上市公司财务会计报告的有用性，以及我国资本市场存在的两类功能锁定现象，并基于盈余质量的功能锁定问题在不同的盈余管理手段下表现出的程度不同，证明了会计准则变革对基于盈余质量的功能锁定产生了抑制作用。

第六章阐述会计准则变革与股价中特质信息含量。该章检验了会计准则变革后，分析师盈余预测结果和财务信息质量的变化对投资者信息获取渠道和信息处理方式产生的影响，通过会计准则变革的调节效应分析，证明会计准则变革能够影响股价中公司特质信息含量。

第七章是对会计准则变革与影响的进一步探讨。该章包括两个部分，即关于我国会计准则变革影响的再一步思考及资本市场信息效率的提升路径。

本书研究得到了关于会计准则变革对资本市场信息效率产生影响的综合结论，即会计准则变革后，我国资本市场信息效率并没有如预期一样有明显和快速的提升，个别通常用来度量信息效率的指标甚至不及会计准则变革前，如信息披露质量、分析师预测偏差、股价同步性水平。但本书在进行资本市场信息效率变化结果检验的同时，还加入了影响路径的研究。通过对影响路径的考察发现，在资本市场信息作用机制的影响下，新会计准则的实施效果将随时间的推移逐渐得到改善。主要原因是，分析师和投资者能在资本市场自我调节机制中发挥重要作用，即分析师行业应对信任危机的革新行为能间接提高管理者实施盈余管理的成本；投资者决策行为的改变能间接降低管理者进行盈余管理的收益。

会计准则变革为生成高质量的财务会计报告提供了良好的制度框架，削弱了市场噪声交易，鼓励了投资者理性投资，形成了以财务会计报告信息为主要分析和参考对象的正确的投资习惯。但会计准则被赋予的能够改善资本市场信息效率的使命，需要通过提高信息披露和传递的质量而逐步实现。然而，作者指出，仅靠机构审计难以从根本上提高财务会计报告的信息质量，许多盈余管理行为，如真实盈余管理就需要机构投资者、证券分析师、普通投资者等社会公众共同进行识别和监督。

本书由大连市人民政府资助出版，特此感谢。

于　悦
2018年6月

目 录

第一章 会计制度变革与信息效率的基本理论 ·· 1
　第一节 行为会计学理论 ·· 1
　第二节 会计与资本市场研究 ·· 5
　第三节 本章小结 ·· 14
第二章 会计准则变革影响研究的理论发展 ·· 16
　第一节 会计准则变革对信息质量的影响研究 ·· 16
　第二节 会计准则变革与分析师盈余预测 ·· 19
　第三节 会计准则变革与资本市场功能锁定现象 ·· 22
　第四节 会计准则变革与股价中特质信息含量 ·· 25
　第五节 本章小结 ·· 29
第三章 会计准则变革影响资本市场信息效率的理论分析 ·························· 32
　第一节 资本市场信息效率的理论内涵 ·· 32
　第二节 会计准则变革对资本市场信息效率的影响 ·· 40
　第三节 本章小结 ·· 47
第四章 会计准则变革与分析师盈余预测的准确性 ······································ 49
　第一节 理论发展与假设提出 ·· 49
　第二节 研究设计 ·· 51
　第三节 描述性统计与相关性分析 ·· 58
　第四节 会计准则变革对分析师预测偏差的影响分析 ···································· 63
　第五节 稳健性检验 ·· 66
　第六节 本章小结 ·· 67
第五章 会计准则变革与资本市场功能锁定现象 ·· 69
　第一节 理论发展与假设提出 ·· 69
　第二节 研究设计 ·· 73
　第三节 描述性统计与相关性分析 ·· 78

第四节　会计准则变革对资本市场功能锁定现象的影响研究 ⋯⋯⋯ 84
　　第五节　稳健性检验 ⋯⋯⋯⋯⋯⋯⋯⋯⋯⋯⋯⋯⋯⋯⋯⋯⋯⋯⋯ 88
　　第六节　本章小结 ⋯⋯⋯⋯⋯⋯⋯⋯⋯⋯⋯⋯⋯⋯⋯⋯⋯⋯⋯ 90
第六章　会计准则变革与股价中特质信息含量 ⋯⋯⋯⋯⋯⋯⋯⋯⋯⋯ 93
　　第一节　理论发展与假设提出 ⋯⋯⋯⋯⋯⋯⋯⋯⋯⋯⋯⋯⋯⋯ 93
　　第二节　研究设计 ⋯⋯⋯⋯⋯⋯⋯⋯⋯⋯⋯⋯⋯⋯⋯⋯⋯⋯⋯ 96
　　第三节　描述性统计与相关性分析 ⋯⋯⋯⋯⋯⋯⋯⋯⋯⋯⋯⋯ 104
　　第四节　会计准则变革对股价中特质信息含量的影响研究 ⋯⋯ 109
　　第五节　稳健性检验 ⋯⋯⋯⋯⋯⋯⋯⋯⋯⋯⋯⋯⋯⋯⋯⋯⋯⋯ 117
　　第六节　本章小结 ⋯⋯⋯⋯⋯⋯⋯⋯⋯⋯⋯⋯⋯⋯⋯⋯⋯⋯⋯ 119
第七章　会计准则变革与影响的进一步探讨 ⋯⋯⋯⋯⋯⋯⋯⋯⋯⋯ 121
　　第一节　关于我国会计准则变革影响的再思考 ⋯⋯⋯⋯⋯⋯⋯ 122
　　第二节　资本市场信息效率的提升途径 ⋯⋯⋯⋯⋯⋯⋯⋯⋯⋯ 123
参考文献 ⋯⋯⋯⋯⋯⋯⋯⋯⋯⋯⋯⋯⋯⋯⋯⋯⋯⋯⋯⋯⋯⋯⋯⋯⋯ 128

第一章　会计制度变革与信息效率的基本理论

本书内容是在行为会计学领域的理论拓展和应用研究。因此，开篇将按照行为会计学研究的脉络，对其在发展过程中产生的重要理论成果和经典假说进行系统梳理，明确行为会计学理论的发展和延伸脉络，寻找本书的理论定位。同时，本章探讨了会计与资本市场研究的重要假说和研究内容，关于会计准则变革经济后果的研究也同样是实证会计理论和会计与资本市场研究范畴中的一个重要分支。

第一节　行为会计学理论

行为会计研究（behavioral accounting research）发起于20世纪60年代，其研究内容包括管理控制系统对组织参与者的影响，会计信息对内部和外部信息使用者的影响，以及针对会计人员（包括审计师）自身行为的研究。

一、起源与探索（1960~1990年）

20世纪60年代，最初关于会计信息的决策效用的研究集中于考察不同类型的财务比率对信贷决策及股票估值的影响与对公司破产的预警作用，由于数据获取渠道的限制，实验研究成为主要的研究方法。

20世纪80年代是此类研究的巩固期，绝大部分研究是对20世纪70年代研究内容的回应和拓展，但此阶段的文章数量有所减少，原因在于 Gonedes 和 Dopuch（1974）对于实验研究方法的批评。这些批评指出实验研究在理论发展和研究设计上都存在缺陷，参与实验的个体具有认知偏差，另外，制度制定者更希望得到整个市场情况的描述性数据，实验研究得到的结果对制度制定者产生的引导作用微薄。因此，在财务数据库建设取得极大进展后，20世纪70年代依靠实验进行研究的方式逐渐被计量经济模型和数据分析所取代。

二、成熟与发展（1991~2000年）

20世纪80年代行为会计学研究文章数量出现骤减的态势，这种情况一直持续到20世纪90年代上半段，直至1995年以后，这种局面才发生改变，挑战EMH的研究及与行为和心理相联系的研究的增多使得行为会计学研究再一次得到关注。1995年之后产生了诸如盈余公告后的股价漂移及应计异象的发现式研究，挑战了人们多年来对资本市场半强有效（semi-strong-form efficiency）的认知，但熟谙档案数据研究的学者无法控制所有的影响变量，因此找不到此类异象出现的原因。此时，实验研究恰好能处理这些变量，行为会计学的研究者也试图通过实验研究发现个体的认知偏差对观测到的异象产生的影响。

另外，这期间还产生了两大研究主题，即财务会计报告信息的列报方式（包括形式和分类等）及披露时机对投资者决策准确性和决策信心产生的影响，这类关于财务信息披露效应的研究一度被忽视，但却对会计准则的制定有重要意义。绝大多数的研究涉及现行会计准则的实施效果，考察一些会计处理的规定是否准确，是否包含漏洞及一些自愿披露内容，如分析师盈利预测、管理者盈利预测的影响。而受影响的决策行为包括股票估值、对于盈余管理行为的发现及对企业未来债务的估计。例如，Sloan（1996）就证明了投资者在进行公司未来价值预测时，无法完全将现金流的持续性和构成盈余的应计项目的持续性之间的差异考虑进去。1996~2000年的研究主要围绕一个问题进行解答，即市场异象的产生是因为个体认知局限性，还是因为财务信息的提供者（管理者和证券分析师）出于影响投资者决策的战略选择的动机，操纵披露的信息，从而给信息使用者带来了人为的影响。

三、拓展与完善（2001年至今）

21世纪初，关于财务会计的研究逐渐集中于考察投资者和分析师的决策，仅有少量研究关注管理者和债权人的行为。20世纪90年代的研究已经基本解释了投资者认知局限性与市场效率之间的关系，并且没有发现新的市场异象，因此对于市场无效情况的研究呈现骤减趋势。配合行为财务学模型对分析师和管理者乐观行为的关注，同时，伴随着证券分析师行业的发展，兴起了一个全新的研究潮流，即对分析师认知局限性的研究。分析师预测偏差并不是一个全新的话题，早在20世纪80年代，学者就发现分析师预测存在较低的效率和持续的偏差，并产生了一系列针对证券分析师决策过程的研究。该类研究旨在发现影响分析师预测偏差的原因，并降低分析师预测的乐观性偏差，以及削弱管理者出于战略选择的动机对分析师预测形成的影响。

财务会计报告的一个重要目标就是提供信息，以供使用者决策时进行参考。而心理学研究发现，信息的可理解性是财务信息是否有用的决定因素。因此，进入21世纪后，财务会计报告的披露和列报方式仍然是行为会计学研究的重要命题。通过研究不同种类的信息使用者（如证券分析师和非专业投资者）对信息的关注点异同，来考察财务会计报告给信息使用者决策带来的影响。Frederickson和Miller（2004）的研究发现，同时获得美国通用会计准则（Generally Accepted Accounting Principles，GAAP）下的盈余信息及备考盈利（pro forma earnings）信息的非专业投资者对股票的估值要明显大于仅参考美国GAAP信息的非专业投资者，而专业的证券分析师对股票的估值在两种情况下并没有表现出差异。

因此，针对财务信息采用不同的披露和列报方式能否减少投资者的认知偏差的问题，一些研究者发现，适宜的信息披露数量及信息披露位置能够降低投资者对未来盈余的预测偏差。例如，同时披露潜在的风险和收益与仅披露潜在的风险相比，更有助于投资者区分各个公司不同的风险管理战略。另外，Hewitt（2009）、Hodder等（2008）的研究均证明了增加现金流量表的透明度有助于投资者和证券分析师做出准确的盈余预测。

总之，2000年之后关于信息披露效应的研究集中于考察会计准则的影响，目的是提供关于新会计准则执行效果的检验研究，探讨减少投资者和分析师认知偏差的机制，以辅助会计准则制定者修改和完善现有会计准则，这是行为会计理论发展的一个重要的延伸。21世纪伊始"管理者的战略选择行为如何影响财务会计报告的信息使用者——投资人决策？"成为一个热点话题，但此研究进展缓慢，分为两条研究路径。一条研究路径从会计准则对管理者行为影响的角度入手，研究会计准则的执行。Hunton等（2006）发现将交易性金融工具的收益和损失列入综合收益表（而不是所有者权益变动表）有助于管理者减少通过出售该项金融资产以达到盈余管理目标的行为，因为管理者希望这种收益和损失的列报能够尽量不透明，从而使出售这项金融资产在拉高股价的同时，不影响自身声誉。另一条研究路径是从财务会计报告的质量如何影响投资者决策的角度入手，研究会计准则对信息使用者的间接影响。Jin和Myers（2006）证明了会计信息的透明度是影响股票价格中公司特质信息含量的主要因素，当投资者无法理解和获知财务会计报告中有效的公司特质信息时，会降低股票的定价效率。

以上这些围绕外部信息需求和会计准则执行效果的研究证明了适宜的信息披露和列报方式有助于减少投资者和证券分析师的认知局限，促进决策有效性的提升，使市场趋于有效。这些研究结论有助于会计准则制定者完善财务会计报告的列报方式和项目，促进会计制度的革新和发展。

四、本书的切入点

以上对行为会计学的研究脉络分析和对经典文献的总结可以发现，行为会计学强调从心理学和行为学角度研究财务会计报告对信息使用者的影响，更多地考察管理者、投资者的行为动机，以及财务会计报告与信息使用者之间的互动关系。本书旨在沿"会计准则—管理者行为—财务会计报告—信息使用者—信息效率"的研究路径，获得关于新会计准则通过影响利益相关者行为进而影响资本市场信息效率的证据。因此，本书直接隶属行为会计学的研究分支。

图1-1描绘了行为会计学理论几个发展阶段的重要理论，以及对应的具有代表性的研究领域。行为会计学的基本理论，即"财务会计报告信息能够对信息使用者产生影响"是本书的理论前提；而后续发展的会计信息的决策效用理论、分析师认知局限性理论、会计准则经济后果理论为本书的研究设计提供了铺垫。本书是行为会计学的系列理论在中国特色社会主义制度背景下的再检验，是对行为会计学理论研究脉络的延伸和拓展。

同时，本书探讨的主要问题也是会计与资本市场研究近年来所关注的核心问题。虽然行为会计学也属于会计与资本市场研究范畴，但前者更强调人的行为和动机，后者则关注市场效率、信息效率及新会计准则执行的经济后果。因此，本书所涉及的基础理论既立足于行为会计学理论，又在会计与资本市场研究的研究框架下遵循实证会计研究的一般规律。本书探讨的分析师预测、盈余反应系数、

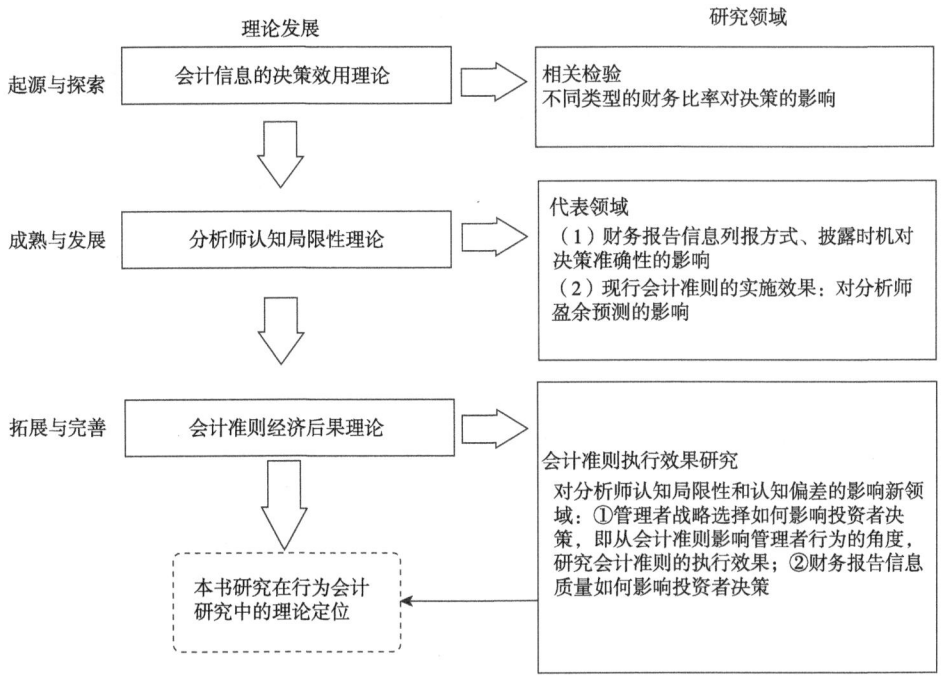

图 1-1　行为会计学理论发展与本书研究的理论定位

资本市场信息效率及基本面分析都是会计与资本市场研究领域的重要分支,是解释会计准则变革经济后果的重要理论。这些问题的解答能够丰富会计准则变革的研究视角,补充实证会计理论在我国的研究成果。

第二节　会计与资本市场研究

EMH 和实证经济学的发展使关于资本市场的研究在 20 世纪 60 年代出现萌芽,并带来了之后关于市场异象的发现和市场非有效性的争论。研究方法的改进、资本市场非有效性理论模型的建立及市场非有效证据的层出不穷促进了会计与资本市场研究的长足发展,涌现出了大量研究成果。

实证会计理论认为,企业在各种契约和政治行为过程中都使用了会计数字,因此为了达成这些契约和政治目的,企业就可能改变对会计政策的选择(Watts and Zimmerman,1986),该思想被许多研究所证实,也采用了不少资本市场的数据。

例如，检验会计的经济后果，就需要考察股票价格对新会计准则实施这样一个事件的反应，并检验在这些横截面上，收益的变化是否与度量契约成本或政治成本的代理变量存在联系。为了减少缺失变量对检验结果的影响，此类研究大量采用资本市场数据，控制那些能够影响股票价格的财务信息变量，从而使资本市场研究成为实证会计研究中不可或缺的一部分。进而，会计学与资本市场研究逐渐形成一套成熟的理论体系且发展至今。

会计与资本市场研究包括以下这些主题：①市场有效性检验；②分析师预测；③基本面分析；④盈余反应系数；⑤股票估值研究。近年来，学者给予最多关注的是以下三个研究方向：会计信息（如会计方法和应计项目）影响下的资本市场效率问题；基本面分析及以会计为基础的股票估值；财务会计报告的价值相关性。这些研究方向都源于几个经典的财务理论，本书的研究也正是建立在这几个理论之上。

一、EMH

资本市场的类型决定了管理者影响外部股票价格的能力。1970 年，尤金·F.法马（Eugene F.Fama）在《有效资本市场：理论回顾与实证检验》（*Efficient Capital Markets : A Review of Theory and Empirical Work*）一文中，提炼了有效资本市场的定义，即证券价格充分反映全部可获得的信息。EMH 假设投资者都拥有丰富的经验，能够解读所有公开的信息，并且能够辨别会计数字中包含的真实现金流（Hand，1990）。

投资者、管理者、会计准则制定者及其他市场参与者都特别关注证券市场上信息的有效性。证券价格决定了资本市场的财富在企业之间、个人之间的分配，而证券价格本身又受财务信息的影响，因此资本市场有效性的研究逐渐成为备受关注的核心问题。

在有效资本市场里，通过基本面分析不能获得超额回报，即如果会计方法变更没有直接影响到公司的现金流量数据，也没有形成信号效应，那么股票价格就不会发生改变；无论某一个信息是在财务报表附注中披露，还是在财务报表中披露都不会对股价造成影响。因此，在有效资本市场里，不同的会计制度规定和企业自身的会计选择带来的经济后果并没有太大的差异，对于会计准则执行效果的研究从来都不是在 EMH 下开展的，而是建立在市场非有效的前提下。

二、功能锁定假说

功能锁定假说（FFH）与 EMH 呈现出鲜明的对立，该假说认为投资者具有认知局限性，促使资本市场定价锁定于报告的盈余，股票价格仅取决于公司对外报送的盈余信息，而没有考虑生成会计盈余数字所采用的会计核算方法带来的影响。在该假说下，投资者没有足够老练到可以识别会计数字背后的真实现金流量（Watts and Zimmerman，1986），换而言之，资本市场上同时存在老练的机构投资者和非老练的个人投资者，而股票价格是由为数更多的非老练的个人投资者决定的（Hand，1990）。

20 世纪 90 年代初，金融经济和会计方面的文章中出现了越来越多的支持市场无效的证据，这引发了学者对基本面分析、股票估值及检验市场有效性方面的关注。市场无效证据的出现创造了一个全新的、检验会计事件后股票价格长期市场反应的研究领域。这与 20 世纪七八十年代出现的小窗口事件研究及会计准则设计的经济后果研究潮流形成鲜明对比。

由前文分析可知，在有效资本市场中，不同的会计制度的规定和企业自身的会计选择带来的经济后果并没有太大的差异，但在非有效的资本市场环境下，经济后果会截然不同。大量的市场无效性研究证明了有效资本市场在目前的市场环境中很难形成，特别是发展中国家的资本市场上充斥着认知偏差和非理性因素，市场信息环境也相对复杂，市场状态也更加接近"弱势有效"。因此，我国执行的新会计准则将为市场带来信息冲击，针对相同的会计收益和现金流采用不同的处理方式和表达方式，将带来较大差异的经济后果。因此，对于会计准则变革影响的检验应建立在市场非有效的理论框架下。

三、信息不对称及委托代理问题

投资者和企业管理者之间信息不对称及激励冲突是形成"柠檬市场"（逆向选择）的主要原因。这种信息不对称导致的委托代理问题能够使资本市场的功能失灵（Akerlof，1970）。

目前的理论研究提出了一些解决"柠檬市场"问题的方法：①投资者和企业管理者之间订立激励和监督契约，以促进管理者更好地履行受托责任，充分披露所有的私有信息，从而减少证券的错误定价；②利用制度规定，如会计准则来规范管理者的信息披露行为;③信息媒介的产生也是解决"柠檬市场"问题的一个途径,信息媒介包括证券分析师和一些评级机构,他们能够帮助投资者更充分地挖掘管理者的私有信息,利用专业知识和信息获取渠道,降低投资者和管理者之间的信息不对称,减少委托代理冲突。

本书涉及解决委托代理问题、提高资本市场信息效率的两种方法,即会计准则变革和以证券分析师为代表的信息媒介。因此,本节将重点分析这两个方法如何降低信息不对称和解决代理冲突。

(一)会计准则变革与委托代理问题

众多关于会计准则变革的研究已经证实,更严苛的会计制度规定能够减少管理者的盈余管理行为的发生,提高财务会计报告的信息质量(Schipper,2003;Ewert and Wagenhofer,2005)。Jensen 和 Meckling(1976)认为,公司是不同个体间缔结的一系列契约关系的集合,包括债务契约、管理层薪酬契约和公司章程等,而这些契约往往以会计数字作为订约依据,并且对订约各方行为采取基于会计数据的各种限制(杜兴强等,2009)。经理人将积极维护薪酬契约,并努力保障债务契约的达成,而会计准则变革将影响经理人未来满足契约要求的计划和预期。斯科特在《财务会计理论》一书中指出,准则的变化会影响经理人已达成的契约,进而影响他们自身的福利和公司利益。因此,经理人经常干预准则制定的过程,也很可能改变实际经营管理策略。

由实证会计理论可知,企业管理者不会被动接受会计准则变革的规定,而是通过改变管理盈余的方式,达到预期的盈余目标。这种预期目标可能是某债务契约的达成,也可能是提高公司估值,为再融资做准备,又或是服务于管理者私利。总之,会计准则变革将使管理者的盈余管理行为方式发生改变,从而影响财务会计报告信息。

因此,会计准则变革可能在一定程度上抑制盈余管理,从而减少信息不对称和削弱委托代理冲突;也可能使管理者转而采取其他新的盈余管理方式,进而无法真正解决委托代理问题。这也是本书第四章研究的一个重要的支撑理论。

(二)证券分析师盈余预测与委托代理问题

证券分析师作为掌握丰富财务知识的专业人员,在资本市场上发挥了重要的信息解读和盈余预测的作用,其提供的信息可直接为投资者所用,是股东和潜在投资者重要的信息来源。

证券分析师运用基本面分析方法,以公司财务会计报告为主要信息依据,结合行业和市场信息对公司未来盈余进行科学预测。在利用公司时间序列上盈余信息及其他价值相关信息时，证券分析师的专业知识能使其更容易发现管理者的盈余管理行为。从而，在考虑操纵盈余对当期及未来企业价值的影响后，其对企业未来收益给予合理的预测。因此，证券分析师预测能从一定程度上降低投资者与管理者之间的信息不对称程度。

另外，证券分析师对企业盈余管理的判断和识别能从公众视角对企业行为进行监督制衡。通过盈余管理方式构造的盈余不具有持续性，如果证券分析师能通过技术分析剥离非持续性盈余，对企业做出符合其内在价值的预测和评估，管理者将无法利用自身信息优势谋取利益。如果进行盈余管理的收益被稀释，并最终低于盈余管理失败将承担的经济和声誉损失，管理者将逐渐减少或放弃盈余管理。

四、会计信息有效性

20世纪60年代初，人们对会计目标的理解不同，也并没有公认的且较优的会计政策，这就导致财务会计报告信息的有用性遭受怀疑，历史成本核算方法也被质疑是否真能提供有用的信息，或者是否能准确地评估一家公司的财富。由于实证研究尚未发展起来，会计的理论工作者和实务工作者也无法说清会计数据是否真的有用。为解决这个问题，Ball和Brown（1968）及Beaver（1968）开展了探索性的研究，他们成为采用实证方法研究资本市场问题的先驱。

（一）会计信息有效性研究的奠基理论和方法

有四个同时期产生的重要研究成果推动了1968年这两篇经典文献（Ball and Brown，1968；Beaver，1968）的产生，并为之后50年的研究奠定了理论和方法的基础：①实证经济学理论；②EMH；③资本资产定价模型（capital asset pricing model，CAPM）；④Fama等创造的事件研究法。

1. 实证经济学理论与会计信息有效性研究

Friedman是实证经济学派的杰出代表，在20世纪50年代，为促进实证研究方法成为经济学、金融学及会计学研究的主流研究方法做出了重要贡献。他提出为尚未观察到的现象提供合理且有意义的预测，其理论和假说的发展就是实证科学（positive science）。继Ball和Brown（1968）及Beaver（1968）的研究之后，绝大多数的会计研究都采用了实证研究方法。Watts和Zimmerman（1986）指出"会计理论的目标是解释和预测会计行为"，因此，实证经济学理论对会计准则的研究重心从规范会计理论向实证会计理论的转移具有重大意义。

2. EMH 与会计信息有效性研究

建立在过去的理论和实证研究的基础上,Fama(1965)重新提炼了 EMH 的概念并进行了实证检验。在这篇文章中他指出,在一个有效市场中,以价值最大化为目标的市场理性参与者之间存在竞争,这种竞争将使股票的内在价值很快反映在现行市价中。Ball 和 Brown(1968)及 Beaver(1968)都认为资本市场的有效性能提供一个很好的检验财务会计报告信息有效性的机会,前者指出,既然有效资本市场中股价能够高效、无偏地反映所有与资本资产定价有关的信息,那么如果财务会计报告中的信息有用,股票价格应该根据该信息进行迅速调整。与以往的规范研究不同,他们采用实证研究方法,将股票价格的变化作为研究对象以推断财务会计报告中的会计数字信息对市场参与者是否有用。

3. CAPM 与会计信息有效性研究

基于资产组合理论,Sharpe(1964)和 Lintner(1965)等研究发展了 CAPM,认为证券的期望价格与公司现金流的风险有关,因此个股的期望收益率应等于无风险收益率加上风险溢价。因此,CAPM 与 EMH 一起完善了公司证券特有收益的估值理论,CAPM 的应用能使财务会计报告信息含量的检验结果更具说服力。

4. 事件研究法与会计信息有效性研究

The Adjustment of Stock Prices to New Information 是在金融经济领域开展事件研究的第一篇文章(Fama et al.,1969)。事件研究法采用期望收益模型估计证券的超额收益,并结合市场效率检验来证明理论假设。该研究为之后的学者提供了全新的研究方法,在检验信息效用时,可以将样本公司放置在一个时间窗口内,考察事件发生或者盈余公告前后证券的价格表现。Fama 等(1969)研究的是股票拆分事件,而 Ball 和 Brown(1968)及 Beaver(1968)研究的是盈余公告的市场反应。

以上理论和方法促进了会计与资本市场研究的发展,在之后的一段时间里,盈余信息与股票收益之间的关系研究一直在会计制度适用性的研究中占据主要地位。

(二)会计信息有效性研究的具体内容

股东、投资者和债权人都非常关注公司的价值,在有效资本市场里,股票的价格被定义为未来期望现金流的折现值,折现率为风险调整的收益率。财务会计报告中的会计信息作为重要的信息来源,反映了一家公司当期的业绩表现。财务会计准则委员会(Financial Accounting Standard Board,FASB)在 1978 年的概念框架中指出：财务会计报告提供的信息应该帮助投资者和债权人评估企业未来现金流的数量、回收期及不确定性。因此，我们期待企业当前的业绩表现能与未来的现金流、证券的价格及价格的波动存在联系。会计信息有效性的检验，就是为信息与股价之间的联系提供证据。

会计信息的有效性研究主要包括两种检验，即事件研究、截面数据检验盈余的可预测性及市场异象研究。其中，事件研究又包括盈余公告后的股价漂移（Ball and Brown，1968；Bernard and Stober，1989）、会计方法对市场效率的影响及功能锁定（Ball，1972；Dharan and Lev，1993）、应计盈余管理和分析师预测（Dechow et al.，1995；Ashbaugh and Pincus，2001）。截面数据检验盈余的可预测性及市场异象主要考察按照一定的规则在一个时间段形成的投资组合的收益规律是否符合类似 CAPM 计算的期望收益的结果。构建一个投资组合的收益规律可能是依照单变量，如根据公司的盈余大小来构建或者根据基本面分析的几个指标进行分类。

五、会计准则的执行效果

资本市场研究为实证会计理论检验提供了方便，二者相结合的研究包括以下三个方面：①操纵性应计模型（Jones，1991；Dechow et al.，1995）；②收益的时间序列特征、企业的管理和分析师盈余预测（Ashbaugh and Pincus，2001）；③盈余反应系数模型（Collins and Kothari，1989）。

以上这些研究的一个重要目的就是考察会计准则执行的效果是否符合该准则制定者的预期目标，回答一些关于新会计准则执行效果的相关问题。例如，采用新会计准则生成的财务数据是否向资本市场传递了新的信息？新会计准则下财务会计数字是否与当期股票收益和股价的相关性更强？新会计准则出台的经济后果如何？会计准则制定者在设计新会计准则时，往往加入自身对资本市场信息有效性的理解，从而影响对会计准则修改的内容和程度。因此，对会计准则制定者来说，上述问题的回答将具有重要意义。本书对会计准则执行效果的检验就围绕上述内容，运用了以下三个模型的基本原理。

（一）操纵性应计与非操纵性应计模型

在现有的会计与资本市场的研究文献中，操纵性应计模型有非常高的使用率。学者通常采用操纵性应计模型度量一家公司的盈余管理程度及信息质量。盈余管理是指"公司的管理者和股东为获得私有收益，故意操纵对外报送的盈余信息的过程"（Schipper，1989）。操纵性应计模型是将总应计项目分解为两部分，即操纵性应计项目和非操纵性应计项目，前者是可以通过盈余管理行为进行影响的应计盈余，是盈余构成中"可操纵"的部分；后者与经营性现金流一起构成了盈余中"不可操纵"的部分，这就是该模型的核心思想。

管理者和股东可能出于在资本市场上融资的动机（如在首发上市前夕拉高股价），对应计盈余进行操纵，因此在会计与资本市场研究的领域中，有一条研究路径是检验资本市场的无效性和企业进行应计项目操纵的联合假设。金融经济和会计领域对资本市场无效性的检验及理论发展促进了以上研究路径中理论的探索与发展。研究主要围绕操纵性应计与风险调整的超额收益率之间是否存在显著的正相关关系展开（Sloan，1996）。

（二）分析师盈余预测偏差

剩余收益估值模型（residual income valuation model，RIM）的使用使分析师预测信息的作用大大加强，从而提高了分析师预测盈余信息在股票估值和公司价值评估过程中的作用，分析师盈余预测的结果也成为实证会计研究中被关注的热点问题。

Edwards 和 Bell（1961）出版的著作《营业收入的理论研究和度量》（*The Theory and Measurement of Business Income*）中最先提出了 RIM 的基本思想，Peasnell（1982）、Ohlson（1995）、Feltham 和 Ohlson（1995）对该方法的系统研究和阐述使其获得了理论界和实务界的关注。采用 RIM 计算的企业价值为权益的账面价值加上未来期望留存收益的现值，该模型是在股利贴现模型的基础上发展而来的，但是巧妙地采用了当前和未来的会计数字直接计算价值。投资者采用公司当期账面净资产数字与分析师预测未来盈余的结果来计算期望的未来剩余收益。证券分析师的预测结果因该模型的使用而越发受到重视，因此分析师盈余预测结果的准确性成为理论界关注的又一个焦点问题。

学者还总结了研究分析师盈余预测的原因。①几乎所有的估值模型都会直接或间接地用到预测盈余的数据。②在将财务会计报告信息与证券回报相联系考察信息效率时，通常采用一个预期收益模型将未预期盈余从实际盈余中分离出来。因为在有效资本市场里，预期盈余与未来盈余不相关，只有未预期盈余才能带来盈余公告窗口期内股票收益的波动。③EMH 一直饱受理论界和实务界的质疑。行为金融学的模型和以会计学为基础的资本市场研究都证明了资本市场的非有效性。因此，今后的研究都将围绕证券收益的可预测性展开，这就需要未来盈余的预测数据作为支撑。④分析师盈余预测是资本市场一个重要的信息来源，盈余预测能够影响信息环境和证券价格波动。有相当一部分的文章研究盈余预测信息的需求和供给、对分析师预测的激励、盈余预测的结果对证券收益和资本成本的影响（Healy and Palepu，2001）。

（三）盈余反应系数模型

盈余反应系数可以被应用于证券估值和基本面分析中，通常还被用来检验会计学理论中的契约成本和政治成本假说、自愿披露及信号传递假说。早期有代表性的文章是 Kormendi 和 Lipe（1987）的《盈余创新、盈余持续性及股票回报》（*Earnings Innovations, Earnings Persistence, and Stock Returns*），该文章研究了在时间序列上，收入和支出的持续性对盈余与证券收益关系的影响。具体方法为将财务会计报告当期扣除非经常性项目后的每股盈余作为盈余的代理变量，用时间序列方法估计出未预期盈余，进而考察未预期盈余与当期股票收益的关系，二者的相关系数就是盈余反应系数。

从盈余反应系数的设计原理可以看出，盈余数字与股票收益应该存在一对一的联系，即净现金流量的变化应该与市场期望盈余的变动同步。如果盈余变化了 1 元，则股票价格变化金额应该等于 1 元加上未来所有期间盈余预期变化的折现值。但从现有研究中获得的盈余反应系数的取值来看，该系数在 1~3（Kormendi and Lipe, 1987; Easton and Zmijewski, 1989）。而从理论上分析该系数的取值范围可以发现，假设年度盈余符合随机游走模型，折现率为 10%，那么期望的盈余反应系数值为 11。实证检验中盈余反应系数较低可能存在以下四个原因。

1. 价格引导盈余

Beaver 等（1980）指出，股票价格中包含的信息要比同期盈余数据中包含的信息更丰富。在有效市场中，未来现金流折现值期望的变化能够瞬时反映在股票价格的变化中。而财务会计报告要求依据"收入实现"和"费用配比"的原则来确认当期盈余，因此会计盈余中包含的信息具有时滞性，这就带来了"价格引导盈余"的现象。

另一种解释为企业每年盈余的时间序列特征被描述为一个随机游走模型，利用过去年份的盈余信息是无法预测未来盈余的，而股票价格中包含的信息却反映了未来盈余的变化，从市场上可获得的全部信息来看，下一年的盈余并非完全不可预测。因此，当下一年的盈余被披露后，股票收益变化与盈余变化之间的相关性意味着股价反映出另一部分未预期的盈余信息。在有效市场中，那一部分已经预期的盈余信息就不再带来当期股票收益的变化，进而导致较低的盈余反应系数。

2. 低效率的资本市场

如果一个市场不能正确地理解盈余变化对未来期望盈余的修订作用，那么股票价格变化与盈余变化之间的联动关系将变弱。许多研究成果表明，针对盈余信息，资本市场股票价格存在反应不足和反应滞后的情况，如盈余公告后的价格漂移现象。因此，资本市场的低效率和无效率也是导致盈余反应系数较低的原因。

3. 盈余中的噪声及会计准则的缺陷

此种观点认为，盈余中包含两个部分，即真实盈余和噪声（管理者对盈余的操纵），后者是与价值无关的盈余（Beaver et al., 1980）。但这种观点受到两个方面的质疑：首先，有实证结果表明应计盈余也具有信息含量（Subramanyam and Wild, 1996）；其次，即便不考虑应计盈余是否具有信息含量，扣除应计盈余，剩下的盈余信息还算是真实盈余吗？因为仅依据全责发生制生成的盈余就是真实盈余的观点不被认可。

由于财务会计报告的目标就是"预测未来投资的现金流和收益"（Lev, 1989）。作为支持"准则缺陷论"的代表，Lev 认为美国 GAAP 提供的低质量的信息和投资者的非理性交易带来了较低的盈余反应系数，但其文章中却没提出对于会计准则改进的建议。

4. 非持续性盈余

盈余中的非持续性部分的产生包含多种原因：首先，一些特殊的经济业务可能带来非持续性盈余，如处置非流动资产的利得、非货币性资产交换利得、债务重组利得等；其次，由于信息不对称和为了避免潜在的诉讼风险，会计处理具有一定的谨慎性，以往的研究将谨慎性定义为"与收益确认相比，对损失的确认更加及时"（Kothari, 2001），即对收益的确认要更加严格，进而会产生非持续性的损失；最后，由于委托代理问题的存在，企业的管理者有动机创造非持续性收益和损失。管理者出于自我补偿的动机，可能利用操纵性应计提高盈余，或采用"洗大澡"的盈余操纵方式使盈余数字达到预计目标（Murphy and Zimmerman, 1993）。

由此可见，盈余数字发生变化，对应的未来现金流的现值不一定产生变化，会计盈余的生成方式决定了盈余信息的变动与股票价格的变动不一定对等。

第三节 本章小结

本章首先沿"行为会计学"的发展脉络，分析总结了行为会计研究的重要内容及理论的延伸和拓展路径。其次，围绕本书研究涉及的重要理论，对会计与资本市场研究范畴内的经典假说的起源和发展进行了系统的总结,特别分析了实证会计理论、会计与资本市场理论的几大重要分支。最后,得出结论,即行为会计学的基本理论——财务会计报告信息能够对信息使用者产生影响,这也是本书的理论前提;而后续发展的会计信息的决策效用理论、分析师认知局限性理论、会计准则经济后果的相关理论和检验为本书的研究设计提供了铺垫,构成了本书的理论框架。本书研究的内容是行为会计学的系列理论在中国特色社会主义制度背景下的再检验,是对行为会计学理论研究脉络的延伸和拓展。

第二章　会计准则变革影响研究的理论发展

从 20 世纪 70 年代开始，信息效率一直是资本市场研究的核心问题，特别是 21 世纪初，经济全球化带来的各国会计准则的逐渐实现与 IFRS 的等效趋同变革使行为会计学领域的会计准则实施效果研究再次成为国内外学者关注的热点问题。结合本书的研究目标，本章从会计准则变革对信息质量的影响研究出发，分别围绕会计准则与分析师盈余预测准确性、功能锁定现象及股价的特质信息含量三个领域，对理论进展进行系统梳理。通过对国内外现有研究的总结和回顾，发现存在的问题，明确本书的研究视角和拟突破的研究局限。

第一节　会计准则变革对信息质量的影响研究

高质量的会计准则是高质量会计信息的保证。每一次会计准则的变革都伴随着理论界对其实施效果的讨论，新会计准则是否能真正起到提高信息披露质量和改善披露的作用，这个问题一直是会计准则研究的核心。一些学者认为会计准则变革对提高信息披露质量和促进资本市场的发展有积极作用，而另一些学者则发现会计准则设计、执行或监管存在问题，会计准则的执行效果偏离预期，因此世界各国学者围绕会计准则变革对信息质量的影响研究始终没有停止过。然而，会计信息质量分为会计可控的信息质量和会计不可控的信息质量，魏明海（2005）指出，为了完善会计准则的制定，必须清晰地区分哪些是会计可控的信息质量，但这具有很大的难度。因此，会计准则带来的影响很难有针对性地进行量化，此类实证研究均通过对信息披露质量进行综合评价来证明会计准则的影响。

一、不同会计准则对会计信息影响的比较研究

随着全球化会计准则等效趋同的步伐在发达国家的不断推进，21世纪初逐渐开始出现大量地将IFRS与各国本土会计准则进行比较的研究。IFRS的支持者指出，上市公司应该采用一套统一的高质量的财务会计报告准则，从而促进全球资本市场的发展（Quigley et al., 2007）。有相当一部分学者认为，IFRS能够获得良好的经济后果，在绝大多数的制度环境下，IFRS优于各国本土会计准则。

欧美国家存在企业自愿采用IFRS和强制执行IFRS两种模式，最先出现的是针对自愿采用IFRS企业的研究。自愿采用IFRS是个别企业为了更好地披露财务信息或者提高披露质量所采取的策略（Leuz and Verrecchia, 2000; Covrig et al., 2007）。他们发现，自愿采用IFRS能够减少会计选择的机会，使会计数据的可比性更强（Barth et al., 2013），从而降低分析师预测的偏误（Ashbaugh and Pincus, 2001）和资本成本（Daske et al., 2008），提高市场流动性和扩大交易量（Leuz and Verrecchia, 2000; Barth et al., 2013），增强信息的价值相关性（Bartov et al., 2005）。

Ball（2006）指出，强制采用IFRS也同样具有信息优势，即能够使不同国家间财务数据具有可比性，提高企业财务会计报告的透明度，降低信息不对称和融资成本，进而提高流动性、竞争力和资本市场信息效率。

近几年，西方一些研究针对会计信息披露质量中"质"的因素，从信息的基本状况出发，检验会计准则的影响。Barth等（2008）考察了实施IAS是否能提高会计信息质量，研究发现使用IAS的21个国家相对于使用本国会计准则的配对样本国家有更少的盈余管理、更及时的损失确认及更多的价值相关信息；Kohlbeck和Warfield（2010）考察了1980~2010年实施过的19项一般会计准则的会计质量属性，来洞悉以提高会计质量为目标的美国会计准则的制定历程，也检验了这个历程中盈余管理的变化，研究发现盈余管理变量的数值随着会计准则的改革逐渐下降，这个结果也符合FASB不断加强对资产负债表的关注度以提高披露质量的做法；Chen等（2010）研究了欧盟15个成员国的上市公司，考察它们在2005年实施IAS前后的会计信息质量变化，研究发现采用IAS提高了会计信息质量，排除了管理者创新、资本市场的制度特色和环境等因素对会计信息质量改善带来的影响。

我国此类研究中较有代表性的是王建新于2005年发表于《会计研究》的一篇文章，该研究以既发行A股又发行B股的公司为研究对象，考察2001年会计准则改革前后的会计数字，发现完全采用IAS不能显著改善盈余质量，而我国采取

的具有中国特色的逐步国际化策略能促进盈余质量提高。

还有一些研究从信息被信息使用者理解和使用的效果出发,考察信息的披露质量,认为高质量的会计信息能够提供更多决策有用和价值相关的信息,从会计信息的"量",尤其是其使用效率的角度分析会计准则对信息披露质量的影响,如Alford 等(1993)发现不同的会计准则会影响资本市场上信息需求者获得的信息的有效性;Sami 和 Zhou(2004)研究了在中国本土 GAAP 指导下的 A 股和应用IAS 的 B 股在两种会计准则下提供的信息的价值相关性的区别,发现二者的信息都是价值相关的,但 B 股的价值相关性要优于 A 股。

二、管理者决策行为对会计准则执行效果的影响

财务会计经典理论从契约的角度解释了企业内部各利益主体之间的关系。Jensen 和 Meckling(1976)认为,公司是不同个体间缔结的一系列契约关系的集合,包括股东与债务人之间的债务契约、股东与管理者之间的薪酬契约及公司章程等。会计数字在这些契约中既是订约依据,又对契约各方形成各种限制。经理人将积极维护薪酬契约,并努力保障债务契约的达成,而会计准则变革将影响经理人未来满足契约要求的计划和预期。斯科特(2006)指出,会计准则的变化会影响经理人已达成的契约,进而影响他们自身的福利和公司利益。因此,经理人经常干预会计准则制定的过程,或改变实际的经营策略。另外,经理人可能会针对会计准则的变化选择对企业更有利的会计政策,以规避新旧会计准则交替对企业产生的不利影响。

尽管有高质量的会计准则,可只要企业受到激励和有潜在的机会去操纵盈余,他们仍然可能提供低质量的财务数据(Leuz,2003)。Hunton 等(2006)认为将可供出售金融资产的收益和支出列入综合收益表(而不是所有者权益变动表)会降低管理者以此项金融资产进行盈余管理的可能,因为披露透明度的增加会暴露盈余管理行为,从而影响股价和个人声誉;王亮亮等(2012)则从契约观和信息观两个角度研究了新会计准则中研发支出会计处理的经济后果,发现新会计准则的变化能够促进研发的投入,但促进的程度受到管理层持股比例和所有权性质的影响,虽然放大了盈余管理空间,但也提高了信息的价值相关性。

三、制度因素对会计准则执行效果的影响

制度因素也被认为是影响会计准则执行效果的核心因素,作为西方研究投资

者保护的代表人物，La Porta 等（1998）利用跨国公司的数据研究了法律体系对会计信息质量的作用，发现不同法律体系下，各国的会计信息质量和资本市场的发展水平有明显差异；Ali 和 Hwang（2000）检验了五项国家特征对会计信息质量的影响，发现市场导向金融系统的国家相比于银行导向金融系统的国家，会计数字价值相关性更强；Ball 等（2003）考察了亚洲四个同样采用 IAS 国家的法律环境和会计信息质量，指出国家制度因素能够显著影响财务信息呈报质量；Bushman 等(2004a)认为法律和政治经济环境能影响一个国家上市公司的透明度；Barth 等于 2008 年在一篇研究 IAS 和美国 GAAP 实施效果的文章里提出了使会计准则能更加有效执行的条件，即 IAS 的实施要想为当地的资本市场带来收益，必须有一个好的实施环境,有严格的执行制度及更强有力的措施来鼓励和激励披露、报告。我国学者也意识到，我国正处于社会主义市场经济发展的重要阶段，新兴加转轨的资本市场环境下，制度具有明显的特殊性，刘峰等（2004）发现法律制度在提高资本市场上的会计信息质量的系统工程中起到重要作用，法律制度的缺失使会计准则无法发挥提高会计信息质量的作用；姜英兵和严婷（2012）采用修正的琼斯模型（Jones model）作为会计准则执行效果的替代变量，考察了制度环境因素对会计准则执行效果产生的影响，发现在不同的制度环境中，会计准则的执行效果也不同。

第二节　会计准则变革与分析师盈余预测

　　分析师一直被认为是财务会计报告使用者中最富有经验的代表（Schipper，1991；Byard et al.，2011），作为信息的理性解读者，其充当了资本市场的信息媒介。因为有了分析师的预测活动，大部分投资者可以避免支付高昂的信息收集、分析费用，也能做出有效的投资决策。财务会计报告是分析师最重要的信息来源和参考依据，财务会计报告披露信息的可靠性、相关性、可比性、透明度等特征都将影响分析师预测的准确性。而会计准则作为规范企业财务会计报告信息披露的重要制度规定，其变化和革新也无疑会对分析师预测的结果产生影响。

一、会计准则变革与应计盈余管理

国外研究普遍证明了采用 IFRS 有助于提高一国的会计信息质量，减少盈余管理（Barth et al., 2008；Christensen, 2012）。但也有学者认为，尽管有高质量的会计准则，可只要企业受到激励和有潜在的机会去操纵盈余，它们仍然可能提供低质量的财务数据（Leuz, 2003）。针对新会计准则是否对应计盈余管理产生影响的问题，国内学者开展了一系列理论和实证研究。王建新（2005）以既发行 A 股又发行 B 股的公司为研究对象，考察 2001 年会计准则变革前后的会计数字，发现完全采用 IAS 不能显著改善盈余质量，而我国采取的具有中国特色的逐步国际化策略能促进盈余质量提高；沈烈和张西萍（2007）认为新会计准则使不同的盈余管理行为有消有长，但总体上压缩了盈余管理的空间；谢德仁（2011）采用 Logit 回归模型，考察了 1999~2007 年两次会计准则变革和资本市场监管规则对上市公司利用债务重组进行盈余管理的行为产生的影响，认为会计准则不能起到遏制盈余管理的作用。

二、会计准则变革与真实盈余管理

在企业的实际经营中，还存在另一种方式的盈余管理，即通过操纵企业真实的经营生产活动来迎合财务目标，这种盈余管理的方式叫作真实盈余管理，其能够带来现金流入，有时也会影响应计项目。例如，采用销售折扣在短期内增加销售收入，扩大生产以摊薄当期销售产品的成本，削减必要的支出如研发支出以增加当期盈余等。真实盈余管理在企业中运用普遍且蕴藏在企业正常的经营行为中，较难被发现。

在理性预期均衡模型下，严苛的会计制度会带来更高的信息质量（Ewert and Wagenhofer, 2005）。但国外已有研究证实了管理者会主动减少操纵性应计盈余管理，转而采用真实盈余管理进行替代（Schipper, 2003；Demski et al., 2004；Ewert and Wagenhofer, 2005），以同样达到期望盈余目标。因此，自 Roychowdhury（2006）首次提出真实盈余管理的度量方法后，便出现了一些在制度变革背景下，检验真实盈余管理与应计盈余管理之间替代关系的研究，如 Cohen 等（2008）验证了 2002 年《萨班斯法案》（Sarbanes-Oxley Act）出台后确实存在这种替代现象，我国学者刘启亮等（2011）立足于 2003~2008 年的法律制度环境，研究了《中华人民共和国公司法》、《中华人民共和国证券法》和《企业会计准则》的实施对应计盈余管理和真实盈余管理的影响,但并没有得到预想的结果。

三、会计准则变革对盈余预测准确性的影响研究

Bushman 和 Smith(2001)指出不同国家的分析师盈余预测准确性有显著的差异,认为财务会计制度和经济变量差异可能会影响一国的信息披露行为和财务会计报告的基本结构。IFRS 比本土会计准则要求企业披露的信息范围更广、更详细(Leuz and Verrecchia, 2000; Daske and Gebhardt, 2006),因此能够帮助分析师更好地进行盈利预测。Ashbaugh 和 Pincus(2001)、Ernstberger 等(2008)、Jiao 等(2012)均发现自愿采用 IFRS 能够提高信息披露质量,显著降低分析师预测每股收益的偏误。

2005 年以后,欧盟开始强制性采用 IFRS,也开始出现针对强制执行 IFRS 的企业的研究。Horton 等(2013)发现被强制执行 IFRS 的企业,其证券分析师预测准确性提升要明显高于未采用和自愿采用 IFRS 的企业,越早采用 IFRS 的企业,这种现象就越明显。Byard 等(2011)证明了一国的制度环境和企业自身对会计准则的执行的效果决定了会计准则变革对分析师预测产生的影响,他们发现,与对照组公司相比,在欧盟的要求下强制采用 IFRS 的公司,其分析师的预测偏误和预测分歧都有所降低,但也只有那些本国强制执行力度较大和当地会计准则与 IFRS 差异较大的国家才存在这种现象,并且在这些公司里,那些自身鼓励提高财务会计报告披露透明度的公司,其分析师预测偏误下降得更多。

然而,会计准则变革是通过何种路径影响分析师预测准确性的?一些学者提出了理论分析,但没有给予验证,Hope(2003)认为企业对会计政策的选择能影响分析师预测,他指出保障会计准则执行的一些制度因素,如审计费用、反内幕交易法、投资者保护法等能够阻止管理层对可供选择的会计政策进行滥用和肆意操纵,从而能降低分析师盈余预测的复杂性,提高准确度。Glaum 等(2013)则采用了结构方程模型分析信息披露质量变化带来的影响,发现德国引入 IAS 显著地改善了分析师预测准确性,认为信息披露质量是路径和桥梁,但该研究并没有剖析信息披露质量变化的具体原因。Abarbanell 和 Lehavy(2003)研究了盈余信息与分析师预测准确性的关系,他们采用 Dechow 等(1995)修正的琼斯模型计算未预期的应计盈余,证明了盈余管理行为是分析师预测产生偏差的重要原因,且预测偏差与分析师激励和认知偏差无关。姜国华(2004)指出,与美国相比,中国内地分析师盈余预测的准

确度较差，意见分歧也较多，其中一个原因就是盈余管理在我国上市公司中表现得较为严重。

第三节 会计准则变革与资本市场功能锁定现象

由于证券市场上的投资者普遍具有认知局限性，即便获得完全相同的信息，不同的投资者也会有截然不同的判断结果。资本市场上的功能锁定现象的存在意味着证券错误定价的存在，投资者较大的认知偏差导致股票定价偏离真实价值，形成高估或者低估，这不利于资本市场进行合理、高效的资源配置，也意味着市场信息有效性较低。针对会计准则的功能锁定现象的研究一直是会计与资本市场研究的重点问题，国外研究集中于信息披露形式、具体会计政策选择和变化、应计盈余质量对功能锁定的影响。

一、EMH 与 FFH

资本市场的类型决定了管理者影响外部股票价格的能力。在一个有效的资本市场中，证券价格反映了所有可获得的信息（Fama，1970，1976）。EMH 假设投资者都拥有丰富的经验，能够解读所有公开的信息，并且能够辨别会计数字中包含的真实现金流（Hand，1990）。因此，在相当长的一段时间内，关于资本市场的研究都在考察企业采用不同的会计处理方法或会计方法变化对信息效率的影响，因为大部分的会计方法本身都不会带来额外的现金流变化，所以通过会计方法变更来研究资本市场效率是一个很便捷的手段（Kothari，2001）。

对于未支持 EMH 的一些实证结果，研究者对此给出了可能的解释，于是在资本市场的研究中，又产生了 FFH，功能锁定最初产生于心理学研究领域，由 Ijiri 和 Jaedicke（1966）及 Jensen（1966）引入会计学理论范畴。该假说是对 EMH 的挑战，认为投资者具有认知局限性，没有足够老练到可以识别会计数字背后的真实现金流量（Watts and Zimmerman，1986）。这就促使资本市场定价锁定于报告的盈余，股票价格仅取决于公司对外报送的盈余信息，而没有考虑生成盈余数字所采用的会计核算方法或盈余质量带来的影响。

在我国，赵宇龙和王志台（1999）率先开展了针对中国资本市场功能锁定现象的研究，指出投资者在决策过程中，往往只锁定于某种特定的表面信息，不能区分有效信息和非有效信息，从而导致错误的估值和投资决策。在财务会计报告盈余信息的构成方面，功能锁定现象表现为投资者仅考虑盈余的账面信息，而忽视盈余质量对盈余数字的影响，无法看穿企业为操纵盈余所进行的盈余管理活动，进而对盈余数字相同、盈余质量不同的上市公司无法区别定价，甚至导致逆向选择。

二、盈余信息的客观特征与功能锁定现象

关于功能锁定的研究普遍集中于信息使用者怎样准确地处理和理解财务会计报告上的信息，并考察其给资本市场行为带来的影响。按照所考察的影响盈余信息的因素不同，分为以下几类情况，即考察信息披露形式如采用表格形式分类披露（Hopkins，1996；Maines and McDaniel，2000）、披露内容（Hirst and Hopkins，1998）、公司的会计处理方法（Beaver and Dukes，1973）、会计政策变更（Vergoossen，1997）、应计盈余操纵（Collins and Hribar，2000）等对证券收益产生的影响。

（一）信息的客观特征与功能锁定现象

EMH 认为，对现金流量不会产生影响的会计处理方法也不会对资本市场上股票的定价产生影响。因此，在最早期的资本市场研究中，有一些文章是将会计方法变更作为检验资本市场有效性的途径（Ball，1972）。在这些检验中，产生了有悖于 EMH 的实证结论，因此针对会计信息披露的方法、内容及政策开展的 FFH 研究也是伴随着对 EMH 的检验而产生的。

Beaver 和 Dukes（1973）首次研究了不同的会计处理方法对资本市场上证券价格的影响，比较了分别采用直线折旧法和加速折旧法后公司的市盈率（price/earning per share，PE），发现前者明显低于后者，即市场能对不同会计处理方法得到的盈余数字进行正确理解和评价，该结论支持 EMH。另一项研究也通过检验公允价值计量方法对证券价格产生的影响，证明了希腊的资本市场并没有功能锁定于盈余数字，而是能够辨别潜藏的经济实质（Chalevas and Tzovas，2010）。

但更多的研究是支持资本市场上功能锁定现象的存在的。Lee（1988）的研究证明了采用先进先出法进行存货成本核算，其市盈率要低于采用后进先出法核算的市盈率，原因是后进先出法得到更低的盈余，因此 Lee（1988）认为这个结论有悖于理论假设，便将其作为一个难题提出；Dhaliwal 等（1999）研究了是否采用后进先出法核算存货对市盈率的影响；Arunachalam 和 Beck（2002）采用了产

品定价实验研究的方法，这也同样考察了不同折旧方法对证券收益的影响，与 Beaver 和 Dukes（1973）的研究结果不同，该研究证明了功能锁定现象存在；Hand（1990）指出，资本市场上有两类投资者，而股票价格是由为数更多的非老练投资者决定的，他认为对 FFH 的检验要区分不同的投资主体，提出了"扩展的功能锁定假说"（extended FFH），并且认为非老练的个人投资者存在功能锁定，而机构投资者不存在功能锁定。由此可见，以上研究均肯定了资本市场上功能锁定现象的存在。

（二）盈余质量与功能锁定现象

除以上对不同的会计方法进行考察的研究，在功能锁定现象的论证和检验过程中，还产生了对于信息披露质量问题的研究。

一些研究证明，事前的操纵性应计与事后股票收益呈负相关，说明了管理者希望利用盈余管理来影响投资者对公司的评价，进而使股价达到期望水平（Sloan，1996；Teoh et al.，1998a，1998b）。研究者认为，对于具有同样盈余数字的企业，其盈余质量可能有明显差别，投资者可能功能锁定于盈余数字，并不能"看穿"盈余的本质。例如，Teoh 等（1998a，1998b）考察了首发上市和股权再融资公司的操纵性应计，证明了操纵性应计越高，融资之后股票的长期收益表现越差；Collins 和 Hribar（2000）证明了投资者容易高估季度盈余中应计部分的持续性，并指出这种错误定价与盈余公告后股价的漂移有明显区别。2002 年，他们的另一项研究证明了操纵性应计扭曲了真实的盈余，带来了资本市场的错误定价（Hribar and Collins，2002）。

另外，资本市场上较低的信息效率能促使管理者更多地利用自身掌握的私有信息，操纵公司财务会计报告的盈余数字，以达到特定目标。Hirst 和 Hopkins（1998）研究了综合收益的披露位置产生的影响，证明了在利润表中披露综合收益比在股东权益变动表中披露更有助于买方分析师对盈余管理行为的识别，从而影响他们对于股价的判断。Vergoossen（1997）将 16 项会计政策的变化进行分类检验，证明了在会计政策变更中，会计信息的披露水平（质量）是影响功能锁定的原因之一。

三、会计准则变革对功能锁定现象的影响研究

在西方实证会计学领域中，Ball 和 Brown（1968）首次检验了会计信息的有用性，成为用科学的方法证明会计数字重要性的第一篇文献，也是开创实证会计

研究方法的鼻祖之一。

在我国，对于资本市场有效性的检验出现在 20 世纪 90 年代末。赵宇龙（1998）采用 Ball 和 Brown（1968）的方法通过观察窗口期股票异常回报的卡方检验（chi-square test）结果，首次证明了中国上市公司的盈余数据包含一定的信息含量，能够支持投资者决策。该研究采用证券的周收益率数据结合市场模型计算了股票异常收益率，采用时间序列中随机游走的幼稚模型衡量了未预期盈余，并按照符号对样本进行了分类，这是我国第一篇采用实证方法系统地检验盈余信息有用性的文章。陈晓等（1999）根据 1994~1997 年 A 股上市公司交易数据，第一次采用交易量分析法和回归分析方法研究了我国沪深两市 A 股上市公司盈余公告的市场反应，进一步验证了我国盈余报告的有效性。

近年来，我国会计准则经历了重大变革，在与 IAS 趋同的过程中做了许多调整。我国会计准则变革对资本市场信息效率的影响，现有文献已经普遍得出了积极的结论，认为与 IAS 趋同能够提高会计信息的价值相关性和信息含量，但也发现了我国证券市场存在的严重的功能锁定现象。

赵宇龙和王志台（1999）从信息观和计价观两个角度证明了我国证券市场存在功能锁定现象，他们认为我国市场规则和制度的不完备导致庄家和机构投资者出于操控市场的目的，与上市公司一道"美化盈余"，并认为这是导致我国证券市场多年来无法摆脱功能锁定现象的原因。

刘永泽和孙蔓（2011）采用了 Ohlson 的剩余收益估价模型，证明了我国新会计准则使用公允价值增强了信息的价值相关性，提高了财务会计报告的信息含量；孙蔓和孙光国（2011）针对新会计准则实施后公允价值变动带来的非持续性损益是否能被市场识别的问题，研究了我国证券市场的功能锁定现象。他们发现投资者并不能够"看穿"盈余的构成且对公允价值变动损益带来的盈余也无力识别；陆宇建和蒋玥（2012）则系统地研究了制度变革对市场定价行为的影响，在 Ohlson 的剩余收益估价模型中引入盈余持续性变量，通过考察持续性盈余和线下盈余在股票定价中的作用，验证了会计制度变革和股权分置改革对市场效率的积极影响。

第四节　会计准则变革与股价中特质信息含量

King（1966）的研究发现，CAPM 对股票收益的解释力会随着时间的推移而逐渐降低，Roll（1988）首次用股价中包含的公司特质信息的含量来解释 CAPM

失效的原因,该研究采用了 1978~1982 年美国股市数据,比较了横截面上平均的拟合优度 R^2 与资产定价模型的解释力,发现 CAPM 的解释力很弱,因此 French 和 Roll(1986)及 Roll(1988)认为一些国家较低的股价同步性体现了公司特质信息在股价中的反映程度。

股价中公司特质信息越丰富,其价格越符合实际价值,从而价格引导下的市场资源配置更有效。假设知情投资者利用私有信息进行交易能够带来股价的波动,则公司股票特有回报率就能作为衡量资本市场信息效率的一个度量指标(Grossman and Stiglitz,1980;French and Roll,1986;Roll,1988)。Baker 和 Wurgler(2000)及 Chen 等(2007)也指出,更高的公司股票特有回报率的波动意味着市场的资本配置效率也更高,因此股价同步性也被认为是衡量一个国家证券市场运行效率的重要标志(Morck et al.,2000),在考察会计准则变革对资本市场信息效率的影响时,股价同步性问题成为不可忽视的问题。

一、股价同步性的动因分析

针对股价同步性影响因素的研究大体包含两大学派的观点,即信息效率观和非理性行为观。

(一)股价同步性与信息效率观

Roll(1988)指出公司的特质信息及市场情绪能够影响公司股价的波动。这项研究引领了之后的关于股价同步性原因的讨论,学者从特质信息和市场情绪两个方面分别解释了股价同步性的高低。产生的观点之一是信息效率观,以 Morck 等学者的研究为代表,他们认为股价同步性体现了公司特质信息在股价中的反映程度,股价中包含的特质信息越多,表征股价同步性的指标 R^2 越低。最具代表性的研究成果就是 Morck 等(2000)发表的论文《股票市场的信息含量:为什么新兴市场的股价存在同步波动现象?》(The Information Content of Stock Markets: Why Do Emerging Markets Have Synchronous Stock Price Movements?)。该研究显示,金融系统不发达、人均 GDP 较低且公司治理较差的国家,其 R^2 较高,在 1960~1997 年这段时间里,美国的 R^2 一直是下降的,Campbell 等(2001)也得出相似结论。有很多非财务和非公司治理方面理论可以解释金融发展和 R^2 呈现反方向变动的原因,但 Morck 等(2000)认为不同国家的法律制度对投资者保护的水平不同,这是导致 R^2 有如此表现的原因。

Durnev 等(2003)的研究显示,市场模型中 R^2 较低的企业或行业,其当前盈利与未来收益的相关性很强，意味着当前的股票收益中包含更多的未来盈利情况的信息，这支持了 Roll（1988）的第一个解释，即符合信息效率观的基本内容。Jin 和 Myers（2006）认为 Morck 等（2000）用法律制度解释不同国家间和时间序列上 R^2 显著不同的思路是对的，但如果不考虑信息透明度，仅仅用投资者保护程度这一个因素并不足以解释一些国家 R^2 较高的原因。Jin 和 Myers（2006）认为，内部管理者拥有一部分公司营运资金的控制权，他们会利用权力获取超额回报，如果投资者受到完全保护，那么投资者是否能发现管理者的侵占行为完全取决于他们对公司现金流量信息和公司价值信息的获悉程度。事实上，投资者只能看到现金流的一部分变化而看不到全部，当现金流超出投资者的预期时，管理者侵占就会增多；反之，则会减少。因此，公司信息透明度的缺乏会导致管理者更严重的利益侵占，进而他们承担的公司特有风险也更高，这往往带来更高的 R^2。基于上述理论，Jin 和 Myers（2006）考察了 1990~2001 年 40 多个股票市场的股票收益情况，用扩充了的样本验证了 Morck 等（2000）对于不同国家间和时间序列上 R^2 比较结果的结论；发现 R^2 与五个度量股票不透明性的指标之间存在显著的正相关关系。

基于股价同步性的信息效率观的基本理论，股价同步性常被用来衡量资本市场上的信息效率（游家兴，2008），这也是本书支持的重要观点。

（二）股价同步性与非理性行为观

对于股价同步性形成的原因，与信息效率观不同的解释是以 West（1988）为代表的非理性行为观学派。该学派认为股价同步性反映的是股票收益中的噪声和泡沫，以及投资者"狂热"和"恐慌"心理所引发的"追涨杀跌"和"从众"等与公司基本面无关的非理性行为和因素（许年行等，2011）。

我国学者也分为两个阵营，同时存在支持两方面观点的实证结论。其中，以信息效率观为分析框架的研究占大多数，如游家兴（2008）直接将股价同步性作为衡量信息效率的变量来考察资本市场信息效率与资源配置效率的关系；金智（2010）采用私有信息交易的基本理论，验证了信息质量的高低是如何影响股价同步性的，并考察了新会计准则变革对二者相关关系的影响。肖浩和夏新平（2011）则采用现金股利、交易成本及投资者成熟度作为有限套利的代理变量，研究了有限套利对我国股价同步性产生的影响。其中，现金股利和交易成本代理变量是从外界影响的角度研究股价波动驱动者的行为限制对股价同步性产生的影响；同时通过验证成熟的机构投资者能降低股价同步性支持了信息效率观。相反，支持非理性行为观的文献较少，最有代表性的就是许年行等（2011）的研究，他们的研究结论没有支持信息效率观的理论，也得出了违背非理性行为观的结果，于是他们结合了信息与心理两种理论,采用心理偏差和信息传递方式的新理论解释了股价同步性形成的机理。

二、会计信息披露质量与股价同步性

在股价同步性的生成机理研究领域,主要有两大学派(许年行等,2011),即信息效率学派和非理性行为学派。信息效率观只强调股价波动受公司特有信息的影响,可股价同步性与信息透明度或信息环境之间到底存在怎样的相关关系,在该学派下却有两种相反的观点。Morck 等(2000)、Jin 和 Myers(2006)及 Haggard 等(2008)认为信息透明度的提升能增加股票中特质信息的含量,从而使股价同步性较低,证明了股价同步性与信息环境质量存在负相关关系,随着信息环境的逐步改善,股价同步性会降低(Morck et al.,2000;Campbell et al.,2001),国内学者游家兴等(2007b)的研究也支持了这个结论。

而与此观点截然对立的是股价同步性与信息环境正向相关论,持该理论的学者认为,公司的信息透明度越高,盈余质量越有保障,投资者越能根据盈余信息预测未来的股票收益,可挖掘的私有信息的边际收益也越来越小,从而使机构投资者失去了搜集私有信息以获得超额收益的动机,融入股价的私有信息的减少会带来股价同步性的降低(金智,2010)。王亚平等(2009)认为股票市场上的噪声多少,决定了信息透明度与股价同步性的关系,在噪声较大的市场中,股价波动主要受噪声的推动,信息透明度的提高将降低未来收益的不确定性,减弱噪声对股价的影响,股价的个体性波动程度也更低,即透明度越高,股价同步性越高,二者呈正相关关系(Dasgupta and Prat,2008),得出同样结论的研究还有许年行等(2011)。

三、会计准则变革对股价同步性的影响

在 Roll(1988)的研究之后,出现了一些考察股价同步性受何种因素影响的文章。研究者发现股价的信息含量在不同发展阶段的市场中会表现出特有的差异,Morck 等(2000)认为股价是投资者保护水平不同造成的,Jin 和 Myers(2006)则用信息透明度的差异解释了这种现象。之后,一些学者围绕企业所处的信息环境和信息质量展开了对股价中信息含量的讨论,Haggard 等(2008)证明了自愿披露能够降低信息获取成本,提高信息透明度,从而抑制股价的同步波动性,使股价包含更多的公司特质信息。

更多的学者将会计准则变革与股价中特质信息含量的关系作为研究对象

（Barth et al.，2013）。Morck 等（2000）指出，会计数字的决策有用性越强，更多公开的公司特质信息就越能被投资者获得，这就使风险套利者在预测个股股价走势时能够更加准确，因此在会计准则更完备的国家，个股股价的波动更大。Kim 和 Shi（2012）对 34 个国家的公司层面的数据进行比较分析发现，自愿采用 IFRS 的上市公司的股价同步性显著低于强制采用 IFRS 的公司，并且在采用 IFRS 前后进行的时间序列比较中，也发现股价同步性明显下降，在制度环境较差的国家，这种效应更加明显。Loureiro 和 Taboada（2011）则采用 30 个国家 3994 家公司的样本，证明了主观具有改善信息质量意愿的公司在自愿采用 IFRS 后，股价的信息含量提高较多，这点与 Kim 和 Shi（2012）的研究结论一致。他们还发现强制采用 IFRS 的上市公司，如果所在国家对于会计准则的执行力度较强，则股价的信息含量也会提高，支持了 Ball 等（2003）的结论，即一国是否拥有保障会计准则顺利实施的制度结构能够影响高质量会计准则的执行效果。

针对资本市场信息效率的问题，我国学者也进行了一些研究，探讨了股价中特质信息含量的影响因素，如信息传递模式和投资者心理偏差（许年行等，2011）、信息质量和透明度（游家兴等，2007a；李青原，2009；金智，2010）、机构投资者（侯宇和叶冬艳，2008；王咏梅和王亚平，2011）、证券分析师（朱红军等，2007；潘越等，2011）、企业关联（李增泉等，2011）、政治关系（唐松等，2011）、制度环境及公司治理（袁知柱和鞠晓峰，2009）等。其中，金智（2010）重点研究了新会计准则对信息质量与股价同步性关系的影响，认为新会计准则提高了信息的可理解性，弱化了私有信息交易对股价波动的影响。陆瑶和沈小力（2011）用操纵性应计和盈余平滑度衡量盈余管理程度，检验了盈余管理程度与股价信息含量的关系，2004~2008 年的全样本分析显示，盈余管理程度与股价的信息含量显著负相关，认为信息的准确性和透明度较低导致我国股价中特质信息含量低于西方国家。该文章仅单独证明了在会计准则变革后，上市公司盈余管理程度下降，并未检验会计准则对股价信息含量产生的直接影响。另外，由于样本选取区间的限制，会计准则变革后仅有两年的数据，并处于金融危机期间，这期间的股价特征是否能够表征信息含量还有待商榷。

第五节　本　章　小　结

通过对以上四个内容研究成果的总结和梳理，发现现有理论研究存在以下特征和局限，本书的研究在此基础上进行了理论和实践检验方面的补充及拓展。

首先，我国针对会计准则变革影响的研究多为直接检验影响的结果，缺乏对影响作用机理和路径的探讨。

作者认为，缺乏作用机理和路径研究的原因主要有以下两个方面：①理论框架构建，国内研究会计准则变革影响的学者多从直接视角出发，研究会计准则与盈余管理（沈烈和张西萍，2007）、盈余稳健性（毛新述和戴德明，2009）、股票价值相关性（朱凯等，2009；胡奕明和刘奕均，2012）等的关系，少有将盈余特征变化带来的影响拓展至信息使用者；②研究方法运用，国内会计和财务领域的研究多采用双变量相关分析或多元回归分析，很少使用中介变量检验或结构方程等分析方法，因此从理论的验证方面来说，方法的复杂性也是阻碍此类研究发展的原因之一。

因此，本书在第一部分实证检验中，将从管理者对会计准则变革的迎合行为入手，研究新会计准则实施后，信息披露质量对分析师预测准确性的影响，并从使用者的视角检验信息有效性，进而论证会计准则变革对财务会计报告信息效率产生影响的内在机理。另外，还采用了多种实证检验方法验证假设，希望能拓展会计理论研究的视野，为资本市场的信息维护和监管措施的设计提供理论及经验支持。

其次，现有的国内外研究多将盈余反应系数作为信息价值相关性的代理变量（刘永泽和孙嵩，2011），认为会计盈余数字传递的信息与股票收益间的关联关系能体现信息的有用性，然而，这种替代不是在任何情况下都有效。

盈余反应系数显著为正并不意味着市场的信息效率高，利用盈余管理实现的收益增值给予较高的市场估值本身反映了市场对信息处理的低效率。同样，盈余反应系数显著为负也不意味着市场信息效率就低，一些公司当期盈余增量较低甚至为负，但其披露的信息真实可靠，盈余不包含"水分"，提高此类公司的估值反而体现了市场对该类公司的认可和对其未来成长性的肯定。因此，对盈余反应系数与资本市场信息效率的关系的讨论，要设置在财务会计报告信息披露质量和投资者认知局限两个因素作用的框架下。

因此，本书利用上述盈余反应系数的特征，引入盈余质量变量作为交乘项，检验了我国资本市场的功能锁定现象，拓展了盈余反应系数的应用范畴，也创新了功能锁定的检验方法。

最后，我国学者对资本市场上股价的信息含量及信息效率问题的关注度越来越高，我国资本市场与西方发达资本市场在创立和发展的时间、信息质量、投资者素质、法律保护力度、资源配置的效率和效果等方面都存在差距，因此围绕股价同步性问题及资本市场信息效率展开的研究还有很大的拓展空间。

陈信元等（2011）指出，新会计准则对上市公司的信息质量、投资者的信息解读，乃至资源配置效率的影响是一个长期的过程，应该对会计准则的执行效果与经济后果进行持续的研究。因此，本书立足于《企业会计准则》实施前后的各年数据，形成了检验会计准则长期经济后果的相对可靠的混合样本，希望能在一定程度上弥补国内对于会计准则变革经济后果研究的不足，是实证会计的传统理论和检验补充中国特色社会主义制度背景下会计影响的新证据。

第三章　会计准则变革影响资本市场信息效率的理论分析

资本市场上的投资者和潜在投资者是财务会计报告的主要使用者,他们对资本市场上的证券定价决策结果反映了资本市场信息效率的高低,也将影响资本市场资源配置的有效性。会计准则变革能够从两方面影响资本市场信息效率,并通过一条信息传递路径对资本市场信息流转的各个环节产生影响。本章论证了资本市场信息效率的理论内涵,并主要以2007年实行的《企业会计准则》为例,系统论证了会计准则变革影响资本市场信息效率的两条路径。本章的研究是全书的理论基础,支持后面章节实证检验中假设的提出。

第一节　资本市场信息效率的理论内涵

本节首先在 EMH 对资本市场信息效率定义的基础上展开探讨,为本书的研究对象——资本市场信息效率设置了一个描述性定义并分析了该定义的内涵。围绕这个定义,沿着信息传递过程中的载体及其特性论证了企业提供信息的价值相关性、证券分析师的信息媒介作用及投资者对信息的理解和决策,同时明确了资本市场信息效率检验的路径和内容。

一、资本市场信息效率的界定

1970 年,Fama 在《金融学》杂志上发表的《有效资本市场:理论回顾与实证检验》提出了著名的有效资本市场的概念，即证券价格充分反映全部可获得的信息，价格对信息的反映迅速且准确。这种充分反映意味着任何投资者都不能获得超额收益。EMH被理论界认为是资本市场信息效率理论的发端，也有研究者直接将其用于界定资本市场信息效率，认为资本市场信息效率是市场价格对信息反映的程度，包括反映速度和反映结果。Verrecchia于1979年在 *Journal of Accounting and Economics* 上发表的《基于市场信息效率理论的研究》指出，尽管理论界已经发现了支持EMH有力的实证证据，但对资本市场信息效率做准确的定义仍然非常困难。因此，尽管从20世纪70年代至今出现了大量研究资本市场信息效率的文献，但对于资本市场信息效率的概念界定却没有统一。

传统观点认为资本市场信息效率是指证券价格充分反映全部可获得信息的程度（Fama，1970；Condie and Ganguli，2011），也表现为能够及时、无偏地反映新获得的信息（Fama，1970；Friedman et al.，1984；Cornelius，1993），这与有效市场的定义完全一致，因为有效市场问题描述的就是资本市场信息效率的问题。一些学者也给出了相似的定义，Grossman（1995）提出的定义为资本市场信息效率是一种情境，即当价格从某种意义上作为一种充分统计量时，其包含并传递了当前资产与未来回报率相关的全部信息。我国学者在21世纪初的大部分研究也是基于该传统定义开展的，何旭强和高道德（2001）在研究证券价格信号影响资源配置有效性时，就将信息效率界定为证券价格对信息的反映程度；翟林瑜（2004）指出信息效率是市场对新进入的信息进行及时和适度的反映；段进东和陈海明（2004）也将股票价格充分反映与该股相关的全部可获得信息的程度作为信息效率的定义，研究了新股发行定价的信息效率。

然而，还有一些学者从应用的角度细化了资本市场信息效率的定义，Rubinstein（1975）指出，资本市场信息效率是指资本市场上的参与者无须付出任何成本就能获知证券当前价格的信息，并且证券未来价格的信息被完全反映在当前股价中。时文朝（2009）则以宏观经济机制下对资本市场信息效率的理解为基础，指出微观经济机制下的信息传递过程的简化和信息耗费的降低意味着资本市场信息效率的提升，即信息效率是指单位量的交易信息变化所导致的市场流动性的变化程度。Boehmer和Kelley（2009）采用向量自回归的方法，从证券价格中将有效价格和价格偏误分离开，采用价格偏误度量信息效率，他们认为信息效率是指证券的交易价格与有效价格之间的接近程度。Chang和Yu（2010）认为信息效率的提升意味着公司提供的信息相关性更强，证券的流动性溢价也更低。还有学者考察股价对与企业未来期望现金流相关的信息反应的敏感性，以此来衡量信息效率（Downing et al.，2009）。更有学者认为信息效率指的是股价的有效性（Madhavan and Panchapagesan，

2000)、股价反映信息的充分性（Theissen，2000）及股价的特质信息含量问题（Chiang et al.，2012）。

从现有研究中资本市场信息效率的定义可以看出，传统概念中的"价格对全部可获得信息的反映程度，以及价格针对新信息反映的及时性和充分性"是从两个角度将信息与价格联系起来，用证券价格反映信息的速度和用结果来评价信息效率的高低。而现有的其他研究又分别细化了这种评价，从获取信息的代价和价格反映信息的无偏性、充分性、及时性等方面定义资本市场信息效率。由此可见，对资本市场信息效率的评价不仅局限在价格对信息反映的程度和速度方面，还体现在市场对信息的掌握、理解和处理是否准确、可靠和无偏方面。

另外，随着理论界对市场异象的发现和证明，越来越多的研究认为有效市场理论在解释实际现象时表现得很无力，即市场在绝大多数情况下很难达到完全有效。尤其与发达国家相比，我国这样一个新兴资本市场在市场参与者构成、参与者的认知和情绪、信息质量和透明度等因素的共同作用下，资本市场信息效率甚至很难达到半强势有效。因此，如果从有效市场理论出发，用传统的概念界定我国资本市场信息效率，很可能仅得到价格反映信息不及时、不充分的结论。这不利于发现我国资本市场信息效率较低的原因，更不能清晰地反映出会计准则变革对资本市场信息效率产生影响的内在机理。

综上所述，在我国资本市场环境下，以改善资本市场信息效率为目标导向的研究如果从信息流转环节的角度观察和检验信息的有效性问题，则可能发现更多有意义的结论。因此，本书参考国内外学者对资本市场信息效率的界定，从信息的提供、传递、分析、反映和经济后果这样一个信息传递流程的角度，在市场有效性一般概念的基础上，给予资本市场信息效率一个描述性的定义。

资本市场信息效率是指资本市场上证券价格反映上市公司未来价值的准确性。具体包括上市公司提供的财务和非财务信息与企业未来价值的相关性、信息媒介（证券分析师）在信息加工传递过程中的无偏性、证券投资者对信息理解和分析的客观性、证券价格包含公司信息的充分性及市场价格引导资源配置的有效性。

若要在我国资本市场环境下考察资本市场信息效率的特征，并发现提高资本市场信息效率、改善资源配置的经济后果的方法和途径，就需要将对资本市场信息效率的衡量和评价放在资本市场信息流转的全过程中。各个信息环节都有各自的信息载体并依托于一定的传播路径（图3-1）。

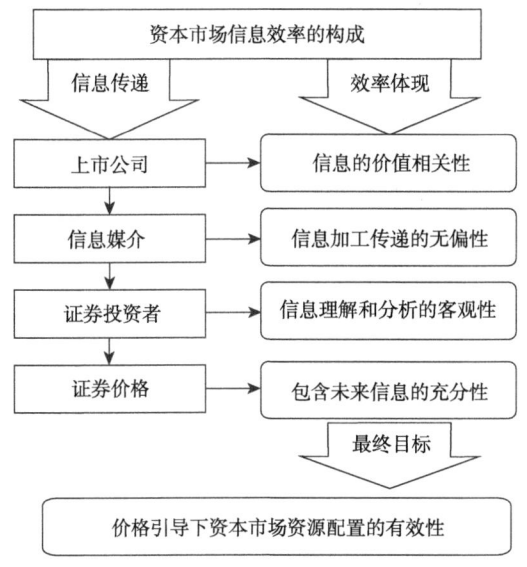

图 3-1 资本市场信息效率的内涵

资本市场信息效率的高低体现在图 3-1 描述的几个信息传递阶段。信息在企业形成,被证券分析师、机构投资者等信息媒介获取并加工,继续传递给投资者,支持其进行投资决策,从而影响股票价格并通过价格传递更多公司未来价值的信息,引导资源的合理配置。在这个信息传递的过程中,存在企业内外部主体之间的信息不对称、决策者信息获取成本、决策主体的认知局限及市场噪声,信息生成和传递过程中就会存在低效率的情况,最终导致股票的错误定价。

二、企业提供信息的价值相关性

契约理论指出,任何一个企业都是不同契约关系构成的集合,而不完全性和刚性又是契约本身固有的两大特性,所以经理人与股东缔结的契约具有不完全性,即任何一种契约都不可能预料到所有偶然事件。当会计准则发生变化时,由于契约固有的刚性特征,其一般不随会计准则进行调整。因此,经理人通常利用会计准则给予的在不同会计处理方法间的选择权来调整契约带来的收益,即"管理"盈余,以满足自身利益最大化的追求。

在股东与经理人之间缔结红利激励契约时,经理人的红利往往与财务绩效相挂钩,因此很难避免经理人通过操纵盈余数字获取期望的红利。Healy(1985)通过建立分段函数的形式,描述了红利契约对管理者会计选择的影响,证明了对应计项目的处理与依照盈余数据进行的红利激励计划有关,管理者对会计政策的选择与红利激励计划的应用和修改密切相关。因此,在会计准则中,为了提高盈余质量而保留的会计选择权,很可能带来了相反的结果,同样,管理者也可能为了获取其他管理者私利、确保自身职位的晋升和维持良好的声誉、达成债务契约或是规避税收等目的,采用盈余管理的手段使盈余达到期望值。

综上所述,如果管理者能够较少地采用盈余管理行为,则上市公司提供的财务和非财务信息便能在会计准则规范的体系框架下,相对真实、可靠地反映企业当期期末的财务状况、整个会计期间的经营成果、现金流量的状况及所有者权益变动情况。那么,财务会计报告中包含信息的价值相关性就相对较高,即信息的决策有用性更强。相反地,如果管理者出于上述动机,通过盈余管理行为来"美化"当期盈余,则财务会计报告很难客观反映企业真实的财务实力,信息背离了企业的内在价值。

三、证券分析师的信息媒介作用

资本市场上,股东及潜在投资者和上市公司之间存在信息流和资金流的交换。股东通过获取上市公司财务信息,来监督管理层受托责任的履行情况;潜在投资者通过对不同上市公司财务信息的对比和理解,对企业进行估值,做出投资决策。因此,信息和资金在二者之间流转。资本市场资金流配置效率的高低,取决于信息流是否充分、可靠、快速和高效。

各种利益相关主体缔结的契约构成了现代生产经营最常见的组织形态——企业。各主体间对信息的掌握不完全对等带来了委托代理问题,管理者出于自我补偿和满足自身私利的动机,会利用掌握的私有信息侵害投资者利益。为减少信息不对称和委托代理问题给资本市场带来的资源配置低效率的危害,在投资者和上市公司之间产生了两大媒介,即有助于信息充分披露和高效传递的信息媒介及方便资金分配和流转的金融媒介。

从投资者与上市公司之间信息和资金流转图(图 3-2)的结构来看,股东和潜在投资者可以对上市公司进行直接投资,也可以通过金融媒介,将资金投入一家或多家上市公司。股东和潜在投资者可以通过分析财务会计报告,直接获取关于上市公司财务状况、经营成果和现金流量的财务数据,或直接接收信息媒介加工处理过的信息,从而对上市公司的未来收益和当前价值进行评估。

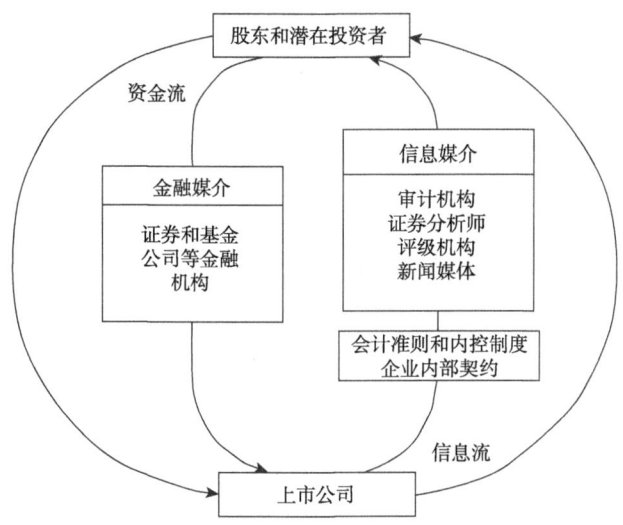

图 3-2　投资者与上市公司之间信息和资金流转图

由于信息不对称和委托代理问题的存在，为收集、分析和处理上市公司提供的信息，股东和潜在投资者可能付出高昂的成本，还可能产生错误定价和逆向选择。为降低信息成本和提高资本市场信息效率，资本市场上出现了以加工和传递信息为主要工作的信息媒介组织。

上市公司依照会计准则和各种内控制度的规范，对企业的经济业务进行处理，生成财务会计报告。股东与管理者订立的各种激励和监督契约使管理者利益与股东利益保持一致，从而抑制了管理者利用私有信息谋求私利的动机。

将审计机构归类为信息媒介是因为从财务信息披露规范的角度看，审计工作封堵了盈余造假行为，使财务会计报告的信息更加真实透明，从而也起到了对信息进行澄清和加工的作用。

证券分析师作为掌握丰富财务知识的专业人员，在资本市场上发挥了重要的信息解读和盈余预测的作用，其提供的信息可直接为潜在投资者所用，是股东和潜在投资者重要的信息来源。

评级机构和新闻媒体并不是直接预测企业的未来盈余，而是对信息的传递起辅助作用。评级机构按照一定的标准，如信息披露质量、企业信用水平等对信息状况或者企业素质进行评判，其工作也包含对相关信息的收集、整理，评判标准的制定和生成评级报告，这些信息同样有助于投资者进行决策判断。与前面几种媒介相比，新闻媒体提供的企业信息包含的范围更广，但也更加抽象、不具有针对性。潜在投资者需要进一步判断信息是否与决策相关，因此，该类信息的使用效率较低，对投资决策的影响也有限。

由以上分析可见，证券分析师在资本市场上的作用不容小觑，与其他几种媒介相比，其提供的专业信息、增量信息和有效信息更多，更能满足投资者决策使用。作为除了财务会计报告外投资者最主要的信息获取渠道，分析师盈余预测报告在很大程度上影响了投资者对公司价值的评估，进而影响资本市场的资源配置。因此，证券分析师对未来盈余预测的准确性能够从一定程度上反映资本市场信息效率的高低。

四、投资者对信息的理解和决策

证券市场上财务会计报告信息的使用者，即上市公司的股东或潜在的投资者对信息的获取、分析、理解和使用是资本市场上信息传递的最后一个阶段。投资者的认知能力、分析技巧、决策习惯、风险偏好都将影响其对当前信息的理解和对企业未来价值的判断。投资者的信息获取渠道有多种，其中财务会计报告是理性投资者最主要的信息来源，证券分析师预测报告也是一项重要的参考，除此之外，新闻媒体、坊间消息、技术分析人士点评等信息也都将通过投资者自身的分析加工整理成为预测企业未来价值、支持投资决策的第一手资料。

投资者对财务会计报告信息的理解、挖掘及利用其他渠道获取的相关信息，很可能弥补前面两个环节造成的信息与价值之间的系统性及偶然性偏差。换而言之，即便存在会计准则规定带来的系统性偏差，或管理者采用盈余管理行为带来的偶然性偏差，抑或证券分析师在对信息进行加工处理时带来的认知偏差，这些也都可能在投资者对信息的分析和加工环节被识别和纠正，因此投资者对信息的理解和最终的股票定价决策是衡量资本市场信息效率的重要环节。

在这个阶段，对股票价格中包含的信息的分析是资本信息效率检验的起点。此阶段较高的资本信息效率意味着股票价格中包含较多的未来盈余信息，而具体的判断方法包括以下三个内容。

（一）投资者对财务会计报告结构的关注

对于具有不同认知能力、分析技巧和决策习惯的投资者来说，针对同一结构的财务会计报告，他们关注的重点也有可能不同。关注当期盈余数字的投资者，在决策时可能更加注重同一行业中不同企业的当期盈余比较，因此股票价格将与当期盈余的绝对量存在较强的相关性；关注盈余增长率指标的投资者，往往注重考察公司盈余在时间序列上表现出的盈余成长性和持续性，因此股票价格将更多地体现当期盈余包含的增量信息；关注财务会计报告中非财务信息的投资者，通常善于进行环境和市场分析，股票价格也更多体现为结合盈利能力、偿债能力、营运能力、成长性的综合绩效水平。

对财务会计报告信息关注越全面,决策习惯越科学,股票价格中体现的对企业未来收益的估计也将越接近企业的真实价值。因此,通过分析股票价格与财务会计报告中不同信息构成的关系,可以识别投资者对于财务会计报告结构的关注重点,并评价信息的使用效率。

(二)投资者对盈余质量的理解和信息取舍

现有研究普遍认为投资者具有认知局限性,因而在股票定价决策时容易形成认知偏差。在我国证券市场中,大量的中小投资者在进行股票定价决策时很难区分财务会计报告中包含的真实盈余和线下盈余,因此投资者缺乏对盈余质量的理性判断和对盈余信息的批判性采纳,甚至有相当一部分投资者在投资决策时很少参考财务会计报告。非理性的投资情绪及市场噪声的存在,带来了股票的错误定价、超高的市盈率和市场泡沫。

投资者的认知局限性在股票价格的走势上体现为应计异象和功能锁定现象,这两种现象都意味着市场存在错误定价,信息效率较低。因此,可以通过对此类市场异象的考察,衡量和评价资本市场上投资者对信息的理解和分析是否客观及股票价格包含的未来信息是否充分。

(三)投资者对公司特质信息的判断

对投资者来说,财务会计报告的信息披露和分析师预测报告是两条重要的信息获取渠道,且这两条信息获取渠道提供的信息既包含公司特质信息,又包括市场信息和行业信息。在一个健全、完善、高效的资本市场中,股票价格能起到引导社会资本进行合理配置的重要作用。这就需要股票价格能包含更多的公司特质信息,从而使投资者能够判断公司未来收益的高低,将市场上有限的资金分配给优质企业和优质项目,淘汰经营业绩长期低迷,市场前景惨淡且损害价值的夕阳产业,淘汰未来收益低、风险高的上市公司和个别投资项目,对业绩优异、未来成长性高和产品应用前景广阔的上市公司分配更多的资金,以促进其进行高效率投资,这便是资本市场上有效资源配置的实现过程。

对此类信息效率的检验,可以采用观察股票价格同步性的方法。如果市场上股票价格同步性水平较高,则说明资本市场优化资源配置的核心功能未能充分发挥。一方面可能源于严重的市场噪声及投资者情绪,这两项可以称作资本市场的投资者行为特征因素,也是左右证券投资决策的重要因素,因此股票表现出更加严重的"同涨共跌"现象;另一方面可能是财务会计报告信息质量的问题,盈余管理后的收益信息可能与其他渠道(如分析师预测)提供的信息存在显著的差异,信息分歧使投资者对于财务信息的看法也不同,同时股票价格也将更难反映个股的特质信息。无论属于以上哪种原因,股票价格同步性转高都意味着资本市场信息效率的低下,因此股票价格同步性也可作为衡量资本市场信息效率的指标之一。

第二节 会计准则变革对资本市场信息效率的影响

会计准则在长期发展变革的历史中,无论具体准则如何革新,其始终围绕一个最终目标,即提供决策有用信息,因此提高信息的决策有用性才是会计准则变革的最终目标;我国近一阶段会计准则变革的驱动因素是实现财务会计报告的国际等效趋同,因此会计准则还将在未来几年里不断补充和完善。在两个目标的引导下,我国会计准则进入了频繁变革的历史时期。会计准则的执行效果要受一国制度(Ball et al.,2003)、市场和经济环境(Bushman et al.,2004a)的影响,因此会计准则变革会产生两个主要的经济后果:一个是具体准则的规定对财务会计报告信息内容和结构的影响,将进一步影响资本市场信息环境;另一个是会计准则带来的企业盈余管理方式的迎合与调整将带来信息披露质量的变化。

进一步,资本市场信息环境和信息质量的调整又将影响信息使用者的决策。证券分析师作为重要的信息媒介,其对证券未来价值的预测需要依据财务信息,投资者则综合参考财务信息、分析师预测报告的信息和其他能获知的市场信息做出相应的投资决策。因此,在会计准则变革的影响路径上,分析师盈余预测的准确性将影响投资者的定价决策判断,进而影响股票价格的短期市场反应和长期市场表现。会计准则变革对资本市场信息效率的影响路径可以用图3-3来描述。

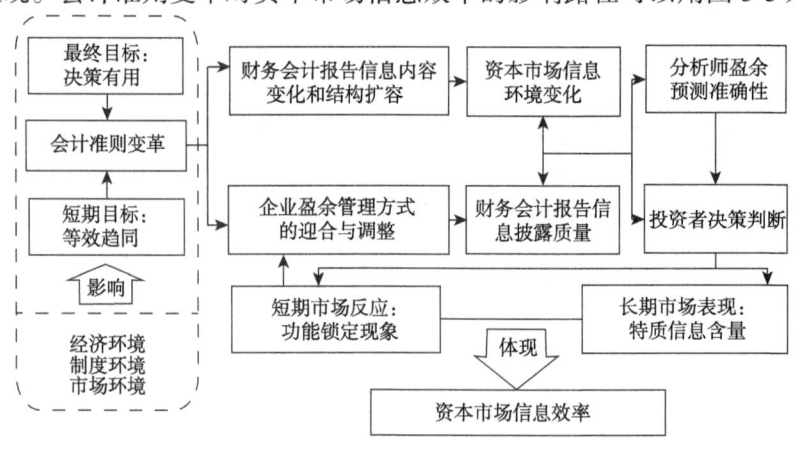

图3-3 会计准则变革对资本市场信息效率影响路径

由图 3-3 可以发现，本书围绕资本市场信息效率，将引导读者探索会计与资本市场研究领域的三大重要内容，即未来收益的预测（分析师盈余预测准确性）、盈余公告带来的短期市场反应（资本市场的功能锁定现象）及盈余公告后股价的长期波动性（股价中的特质信息含量），这三大内容也是本书资本市场信息效率检验中的三个核心环节。因此，本节将讨论和分析会计准则变革如何影响资本市场信息效率，从财务会计报告信息披露质量和资本市场信息环境变化两个角度，分析会计准则变革如何影响资本市场信息效率。

一、会计准则变革对财务会计报告信息披露质量的影响分析

公司是由各利益相关者相互缔结的契约构成的法律主体，各利益相关者之间拥有的权利和责任不同，其所能够驾驭和使用的信息也不尽相同。管理者作为运行和经营公司的决策者及实施者，拥有最充分、真实和完整的信息，这虽然满足了其运营管理的需要，但也不可避免地带来了委托代理问题。会计准则规范企业的信息披露行为，确保对外报送财务会计报告包含信息的基本质量和信息含量。但是，如果将会计准则的目标仅局限于提供决策相关的信息，那么无论会计准则怎样变革和完善，无论会计准则要求提供的信息多么可靠和完备，也永远不可能从根本上消除管理者和外部人之间的信息不对称问题，也不可能杜绝盈余管理行为的出现。

事实上，会计准则对企业决策行为的影响才是会计准则制定者和企业管理人员需要考虑的问题。配合企业的激励和监督机制，会计准则从价值理念、政策导向到核心目标的整体变化将促进管理者目标与股东目标在更高层次上达成统一，进而从根本上解决财务会计报告信息披露质量的问题。

（一）会计准则变革与企业价值理念

我国会计准则变革大体经历了三个重要的历史阶段，从会计制度的探索、会计制度向会计准则的过渡到实现国际等效的会计准则体系建立，每个阶段的会计准则都蕴含着一个适应当时经济社会发展的价值理念体系。

计划经济时期以预算会计为主，收付实现制、历史成本和专款专用决定了当时会计制度的核心价值理念，即更好地履行受托责任，确保资金来源和用途的逐一对应。在物资相对匮乏、国家经济社会发展面临巨大挑战的时期，注重

使用价值无疑是最优的价值创造基础。会计制度设计体现了由政府计划来解决资源配置问题的政策导向，也决定了会计准则的核心目标是反映受托责任的履行情况。

为配合经济社会的发展、适应国际贸易的需求，会计准则也树起彰显不同价值理念的旗帜。2006年出台的《企业会计准则》从以下几个方面体现了会计准则中价值理念的转变：第一，概念基础由利润表观到资产负债表观的转化使财务会计报告使用者的关注重心由利润数据转移到股东价值创造情况；第二，存货计价中取消后进先出法及公允价值的采用都使期末财务会计报告数据更贴近现行市价，反映了企业当前价值；第三，该准则中弃置费用的规定体现出对生态保护和可持续发展的重视，符合一定条件的开发支出可以资本化的规定也促进了企业更加注重长期发展所必需的核心竞争力的培养，使企业价值具有稳定性和持续性；第四，合并财务报表中合并范围的拓展能够敦促企业思考如何处理资不抵债的子公司，确保资产优良和母公司价值的完整性。以上这些变化促使企业运营的核心目标由最初的利润最大化到股东价值最大化再到兼顾可持续发展和企业社会责任的履行的企业价值最大化，会计准则规范使得企业会计目标与理想的财务管理目标实现一致。

（二）会计准则变革、价值理念与信息披露质量

会计准则变革对企业信息披露的影响路径分为两条（图3-4），其中直接影响表现为会计准则中关于会计信息披露的要求。会计准则发展变革至今，要求财务报表附注中披露的项目越来越丰富，信息越来越详尽。例如，新会计准则在基本报表中增设所有者权益变动表，突出反映了资本保值增值情况；另外，新会计准则也格外重视分部和关联方的信息披露，更加详尽的信息提高了信息的透明度，帮助财务会计报告使用者识别了企业的风险和报酬，为企业通过关联交易进行盈余管理设置了新的障碍。

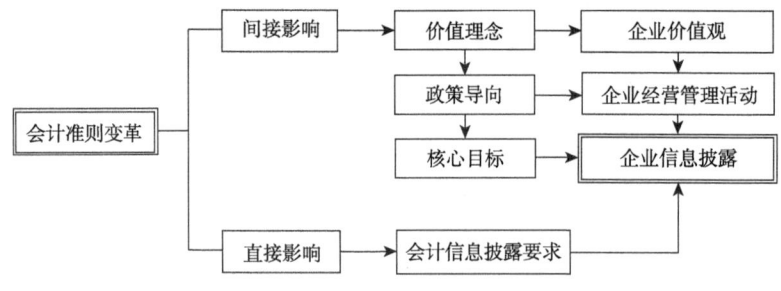

图3-4　会计准则变革对企业信息披露的影响路径

当然，会计准则变革也不可能单方向地抑制和杜绝企业的盈余管理行为。从我国会计准则历经的几次变革来看，会计准则制定机构始终在减少盈余管理途径和准则国际趋同二者之间进行权衡和调整，如资产减值准备一经提取不可转回的规定、公允价值计量的谨慎适度采用、债务重组发生条件的限制和重组利得的处理等。但可以肯定的是新会计准则强调的资产负债表观、鼓励创新投资、维护生态良性循环和可持续发展理念，都将使企业在从事盈余管理和改善经营管理以整体提升企业竞争力之间进行慎重选择。这种改变应该是内在的、潜移默化的和循序渐进的，随着企业管理者对会计准则理念和政策导向的深入理解，有损企业长期价值的盈余管理行为必将日渐式微。

由此可见，会计准则变革通过完善信息披露要求，从"质"和"量"两方面促进企业对外报送的财务信息满足财务会计报告的目标。在会计准则[①]中，该目标表述为"反映企业管理层受托责任履行情况，有助于财务会计报告使用者作出经济决策"。

会计准则变革通过价值理念、政策导向与核心目标的基本路径实现对企业信息披露的间接影响（图3-4）。会计准则中包含的价值理念的转变具体体现于《企业会计准则——基本准则》和38条具体准则[②]的变化中。新会计准则的一些规定充分体现了国家的政策导向[③]，如我国经济增长方式正从粗放型向集约型转变，在这个过程中要求构成宏观经济发展重心的广大上市公司率先走集约型发展道路。新会计准则对于弃置费用、股权激励、研发费用的相关规定体现了国家政策大力推进可持续发展，支持企业进行人才储备，促进技术进步和产业升级。将国家政策导向性规定嵌入《企业会计准则》会带来企业核心目标的转变。

由于企业对于管理者的考核绝大部分依据企业财务会计报告数据，在企业的激励和监督框架下，管理者出于自身价值最大化的考虑，在从事财务会计活动的过程中，将会计准则中包含的价值理念植入企业的价值理念体系，构成企业价值观的一部分，进而在此价值观念体系的指引下，从事符合国家政策导向和企业核心目标的经营管理活动。

企业的经营管理活动将从披露内容方面促进企业对外报送的财务信息与企业的价值理念和核心目标实现同步和一致。例如，资产负债表和财务报表附

---

① 2007年《企业会计准则——基本准则》。
② 本书研究对象为2007年实施的《企业会计准则》，当时只有1项基本准则和38条具体准则。
③ 《坚定不移沿着中国特色社会主义道路前进 为全面建成小康社会而奋斗》中指出"以科学发展为主题，以加快转变经济发展方式为主线，是关系我国发展全局的战略抉择""更多依靠现代服务业和战略性新兴产业带动，更多依靠科技进步、劳动者素质提高、管理创新驱动，更多依靠节约资源和循环经济推动"（胡锦涛，2012）。《国民经济和社会发展第十二个五年规划纲要》中指出要"坚持把经济结构战略性调整作为加快转变经济发展方式的主攻方向"。

注中对于开发支出的披露,一方面反映了企业研发投入形成的、未来能够为企业带来切实收益的资产价值;另一方面则体现了企业为形成长期核心竞争力所做的努力。

二、会计准则变革对资本市场信息环境变化的影响分析

会计准则作为规范企业对外信息披露行为的重要制度规定,一直在不断地改进和完善,目的在于更好地规范企业会计确认、计量记录和报告行为,保证会计信息质量,从而使编制出的财务会计报告能够向其使用者提供与企业财务状况、经营成果和现金流量等有关的会计信息,反映企业管理层受托责任履行情况,有助于财务会计报告使用者做出经济决策。资本市场上的信息具有多元化的特点,除了定期报告和不定期的公司公告,更多信息来自资本市场上其他交易机构、媒体和投资者,同时股票价格本身也包含了市场对于公司未来收益的判断,这些信息来源共同构成了资本市场的信息环境,信息在各主体间交换、补充、修正和进一步流转。各类投资者和潜在投资者若想通过套利攫取超额收益,则需要支付一定的信息成本用于获取私有信息来支持决策判断,因此资本市场信息环境是一个复杂的多元化信息源,信息的可靠性、及时性、价值相关性、决策有用性及信息获取成本等因素,均影响证券定价效率和资本配置效率。

会计准则变革通常从具体会计处理规定到信息披露规范等多个维度对企业披露的财务与非财务信息、表内与表外信息进行调整,以应对经济社会发展给企业对外披露信息提出的新要求。我国 2007 年实施的《企业会计准则》在与 IAS 保持持续趋同的同时,也兼顾了我国资本市场和经济发展阶段的固有特征,从以下三个方面改善了资本市场信息环境。

(一)新会计准则加强了关于表外信息披露的规定

作为对四张财务报表的补充,表外信息能够在很大程度上反映出企业真实的盈余构造、运营能力、盈利能力、所处的市场环境和长期发展态势。2007 年实施的《企业会计准则——基本准则》规定:"财务会计报告包括会计报表及其附注和其他应当在财务会计报告中披露的相关信息和资料。"表内信息是指资产负债表、利润表、现金流量表和所有者权益变动表提供的信息,而表外信息是指财务报表附注和财务情况说明书。新会计准则不仅规范了表内事项的确认、计量、记录和报告,而且在信息披露的范围和内容上也做了大幅改动,具体体现于几项重要信息的披露变化,如分部报告、金融工具列报和关联方披露。

第一，财政部通过《企业会计准则第 35 号——分部报告》，首次以一项独立完整的会计准则项目的形式对分部信息披露做出了系统的规定，这也是此次会计准则变革中备受瞩目的一项改变，其中规范了分部报告覆盖的范围、结构、披露位置，强调体现各分部报告信息与报表中总额信息勾稽关系的描述和衔接方法。这些规定的目的是确保信息的可靠性和决策有用性。

第二，《企业会计准则第 36 号——关联方披露》的规定增加了关联方信息披露的内容，企业财务报表中应当披露所有关联方关系及其交易的相关信息。对外提供合并财务报表的，对于已经包括在合并范围内各企业之间的交易不予披露，但应当披露与合并范围外各关联方的关系及其交易。并且，新会计准则还围绕实质重于形式原则，详细规范了关联方的判断原则，拓展了关联方定义的范围。在具体的披露规范中，明确了披露的层次[①]，要求必须披露交易金额，而不再给予披露形式的选择权。另外，还要求详细披露未结算项目。关联方交易的新规定增强了财务会计报告的透明度，也为投资者开展针对财务会计报告的深入分析提供了必要条件。

第三，对于金融工具的计量和披露规定被认为是 2007 年新会计准则中最大的变化，《企业会计准则第 37 号——金融工具列报》是对 2001 年《金融企业会计制度》的第一次全面修订。随着衍生金融工具的创新和运用，2001 年会计准则规定的表外列报已不能满足市场对信息的需求，对企业蕴藏的风险和价值的反映也表现得力不从心。因此，新会计准则表内信息披露及公允价值计量的要求增加了信息的透明度和财务会计报告的价值相关性。同时，对于金融工具的分类及对其收入、费用、利得或损失的确认和计量，强化了与金融工具相关风险的披露，也能更好地支持投资者利用信息进行预测和规避风险。

综上所述，新会计准则对表外信息的披露规定扩充了财务会计报告的信息含量，增强了信息的透明度、可靠性和决策有用性，这些信息可作为表内信息的补充，帮助投资者区分盈余信息中的持续性和非持续性部分，修正投资者对企业未来收益的认识和理解。

（二）新会计准则提高了财务会计信息的可比性

新会计准则带来了我国财务会计信息与其他国家财务会计信息的等效可

[①]《企业会计准则第 36 号——关联方披露》规定，企业无论是否发生关联方交易，均应当在附注中披露母公司和子公司的名称，如果母公司不是该企业最终控制方，还应披露最终控制方名称。如果母公司和最终控制方均不对外提供财务报表，还应当披露母公司之上与其最相近的对外提供财务报表的母公司名称。同时，要求披露母公司、子公司的业务性质、注册地、注册资本（或实收资本、股本）及其变化，母公司对该企业或者企业对子公司的持股比例和表决权比例。而原准则未明确提及披露的层次。

比。这将促使我国更多的企业"走出去",进行海外投融资,增强国际贸易中我国企业话语权。同时,鼓励企业将自身的经营现状和竞争力放置在国际环境下进行比较,寻找合理的市场定位,明确自身的优势和不足,以谋求更大范围内业务的拓展。然而,仅有财务会计信息的等效可比是不够的,这种比较还需要建立在自身财务信息更加可靠和相关的基础上,这也对企业的信息披露提出更高的要求。

另外,新会计准则新增和补充了一些会计标准和处理规范,对新兴业务和不完善的旧会计准则规定进行了补充,如新会计准则中第一次出现了关于生物资产计量的具体准则,即《企业会计准则第 5 号——生物资产》,建立了适合我国国情的生物资产会计处理规范[①];再如《企业会计准则第 9 号——职工薪酬》,以及规范金融工具列报的《企业会计准则第 22 号——金融工具确认和计量》,这些具体准则的出台使财务会计报告披露的要求更加明确,概念的界定更加准确,信息披露内容也更加丰富,使上市公司披露的财务会计报告信息标准实现统一,可比性更强,这也将有利于审计机构和中国证券监督管理委员会(以下简称证监会)、社会媒体公众对企业财务信息进行审查和监督。

会计信息在行业内横向的可比性和时间序列上纵向的可比性增强,这有助于降低资本市场上信息的加工和处理成本。投资者中不乏专业的分析人士、投资机构,但更多的是分析能力较差、对风险无力识别的个体投资者。因此,提高会计信息的可比性能够为第二类投资者提供更好的决策支持,促进其定价效率的提升。

(三)新会计准则增强了信息使用者对于财务会计报告的信心

经济全球化要求各国的会计制度实现统一,直接体现为会计准则的无缝对接和财务会计报告的等效认可。2007 年的会计准则改革使我国财务会计报告成为世界公认的有效信息媒介,这也将提高投资者对于财务会计报告信息披露质量的信心。新会计准则变革后的技术普及工作,不仅带来广大财务会计人员和管理者研究会计准则的热潮,还激发了中小投资者学习财务知识和运用财务会计报告信息进行分析决策的热情。更重要的是,财务会计报告内容和结构的变化将促进机构投资者深入研究新会计准则下企业信息的特征,使更多的证券分析师提高财务数

---

① IAS41 规定对于生物资产的计量方式不具有选择性,除了在第 30 段所述的公允价值无法可靠计量的情况外,都必须采用公允价值计量,且一经选择,不可变更,要一直持续到处置该项生物资产。从我国《企业会计准则第 5 号——生物资产》的规定中可以看出,我国一般采用历史成本的计量模式计量生物资产,公允价值计量的使用要受到很多限制,这与我国基本国情相适应。

据在其分析预测过程中影响的权重,从而减少分析预测中的随机干扰因素[①]。

会计准则变革带来的信息产出者、使用者及信息媒介对财务信息关注的变化,能提高财务会计报告在资本市场信息环境中的决策支持力。财务会计报告信息作为法律要求的最为系统、规范、详尽的企业信息,是投资者能以零成本获取、唯一经过第三方审计的官方信息来源。虽然其可靠性和真实性也常遭到质疑,但与其他信息获取渠道相比,其仍最能反映企业未来收益和价值。因此,对财务会计报告信息的关注和挖掘将会提高资本市场信息效率,减少市场噪声对股票定价的影响,促进理性决策。

第三节 本章小结

会计准则变革带来的企业信息披露水平的提高和资本市场信息环境的改善能够增加资本市场上有效信息的含量,从而降低投资者信息获取成本,减少市场噪声和信息冗余给投资者决策带来的误导和干扰,促进合理定价。同时,资本市场信息效率决定了投资者对优劣融资主体的区分是否正确客观,能否将有限的社会资金配置给优质企业和优质项目,这在一定程度上决定了整个资本市场的配置效率及市场优胜劣汰的功能的发挥。因此,研究会计准则变革对资本市场信息效率的影响具有重要的实际意义,本章的研究是全书的理论基础,支撑后面章节提出的相关假设及进行的实证检验。

本章首先论证了资本市场信息效率的理论内涵,从信息的"提供、传递、分析、反映和经济后果"这样一个信息传递流程的角度,在市场有效性一般概念的基础上,给予资本市场信息效率一个描述性的定义。指出判断我国资本市场信息效率的高低应综合以下几个方面:①企业提供的财务和非财务信息与企业未来价值的相关性;②信息媒介(证券分析师)在信息加工传递过程中的无偏性;③证券投资者对信息理解和分析的客观性;④证券价格包含公司信息的充分性及市场价格引导资源配置的有效性。

本章还以2007年《企业会计准则》为例,系统论证了会计准则变革对信息效率的影响。一方面,会计准则变革通过直接和间接两条路径影响企业信息披露质

---

① 机构分析师经常受到外界影响,出于影响股价的目的,使预测报告中包含更多的"私利"因素,从而降低了分析师预测的有效性。

量,其中间接路径的构成又包括价值理念、政策导向、核心目标,分别作用于企业价值观、企业经营管理活动,进而最终影响企业信息披露;另一方面,会计准则变革也改善了资本市场信息环境,具体体现在三个方面,即增加了表外信息的披露,提高了会计数字的可比性,以及增强了投资者对财务会计报告信息的信心。

通过对以上观点的论证,本章搭建了会计准则变革影响资本市场信息效率的框架,明确了本书实证检验三个部分的内在逻辑关系。

第四章 会计准则变革与分析师盈余预测的准确性

本章的研究主要解决两个重要问题：第一，我国 2007 年进行的会计准则变革是否显著影响了分析师预测的准确性；第二，会计准则变革通过何种路径对分析师预测产生影响。首先，通过多层次回归的中介变量检验，验证了会计准则转变了企业盈余的管理方式，而盈余质量的变化又是分析师预测偏差扩大的主要原因，进一步利用 Bootstrap 抽样方法检验巩固了研究结论。在稳健性检验中，采用替换中介变量的方法也得到了相同的研究结论。

第一节 理论发展与假设提出

我国企业会计准则正处于频繁变革的历史时期，在逐渐实现与 IAS 趋同的同时，也将提高会计信息披露质量以更好地支持信息使用者决策作为变革的核心目标。《企业会计准则——基本准则》中明确了财务会计报告的目标，即"向财务会计报告使用者提供与企业财务状况、经营成果和现金流量等有关的会计信息，反映企业管理层受托责任履行情况，有助于财务会计报告使用者作出经济决策"。最终是要降低信息不对称，使投资者获得更多有效的信息，从而通过投资者理性决策提高整个社会经济资源的配置效率。这其中的一个关键环节就是提高财务会计报告信息效率，即信息使用者在使用财务会计报告信息时，能花费更少的信息成本，做出更优的经济决策。然而，会计准则的历次变革是否都能够促进资本市场信息效率的提升，进而改善资源配置，这还要看在诸多影响因素作用下，会计准则的执行效果。

面对新会计准则的诸多改变，管理者在执行会计准则时会最先考虑调整决策行为，新会计准则虽封堵了部分盈余管理的空间，但也提供了新的途径和机会。为达到盈余目标，管理者比任何时候都更加谨慎、细致地挖掘盈余管理的新模式。因此，财务会计报告的信息披露质量，乃至信息效率也必将发生相应改变。

证券分析师作为拥有最丰富财务知识和分析、判断能力的信息使用者，其对未来盈余预测的效果将是衡量企业财务会计报告信息效率最有代表性的指标。因此，考察会计准则变革是否改善了财务会计报告的信息效率，可以将分析师预测偏误作为重要的评价指标。图4-1描述了本章的理论框架。

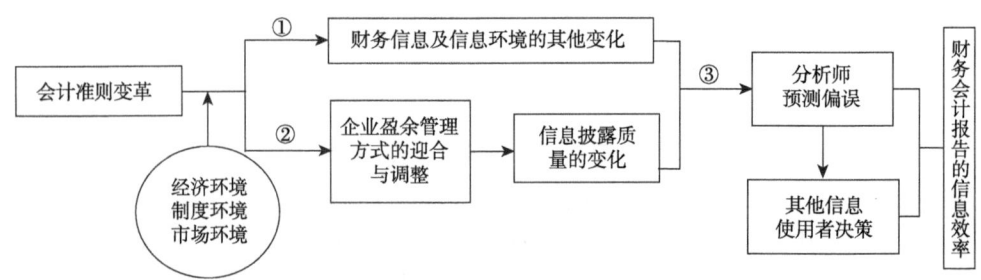

图4-1 会计准则变革对财务会计报告信息效率的影响理论框架图
①、②、③为影响路径

图4-1的理论框架描述了会计准则变革对财务会计报告的信息效率形成影响的路径。我国企业会计准则变革立足于特定的经济、制度和市场环境，其实施效果和影响也将具有中国特色。由于我国企业内部代理关系类型不同于美国、英国、日本、德国等发达国家（陈仕华和郑文全，2010），管理层对于盈余的主观操纵行为也必然存在差异（孙蔓莉等，2012）。另外，与美国会计准则制定程序不同，我国会计准则制定是由政府主导的，企业几乎不参与会计准则制定，即公众参与度和过程的公开性均不足。因此，管理层只有在会计准则实施后，在会计政策选择中寻找寻租机会。会计准则变革后，管理者可能选择规避新会计准则的约束和审计监管强化带来的影响，在找到新的盈余管理方法之前，收敛和调整利用操纵性应计进行的盈余管理。但管理者对盈余管理的需求并不会因此减少，为达到同样的盈余目标，以折扣、赊销、扩大生产摊薄成本或削减必要费用等方式为主的真实盈余管理将更受欢迎。因此，会计准则变革后，企业会增加操纵销售、生产和费用支出的真实盈余管理（影响路径②）。由此，提出了假设4-1。

假设4-1：会计准则变革后，上市公司盈余管理行为发生改变，真实盈余管理显著增加。

新会计准则中最大的变化无疑是对公允价值计量的谨慎使用，虽然公允价值计量能提高会计信息的价值相关性（Nelson，1996），提供更多的决策有用信息

(Barth，1994），但也使未来收益更难预知，因此分析师预测的准确性也可能因此降低。另外，会计准则变革意味着会计准则中价值理念、政策导向、核心目标的全面调整（张先治和于悦，2013），这就要求企业建立实现企业价值最大化、增强企业竞争力、确保长期可持续发展的财务管理目标体系。此管理目标将引导企业开展以价值创造为核心的经营管理，进而促进企业提升管理控制水平，实现自上而下、由内而外的优化发展。企业的这种改变会带来更多的社会关注，进而影响企业的信息环境。丰富的信息可能带来更加可靠的预测，也意味着更多的信息冗余出现，可能会干扰分析师的判断。因此，企业信息环境的变化对分析师预测准确性的影响的方向不能确定（影响路径①）。

企业信息环境和信息披露质量的改变将共同影响分析师可获得的信息，在分析师技能、所受到的激励及其他条件不变的情况下，决定分析师预测准确性的就是其拥有的信息（Pope，2003）。由此可见，信息披露的变化会带来分析师预测准确性的改变，即真实盈余管理的增加会显著降低分析师预测的准确性（影响路径③）。因此，提出假设4-2及两个子假设。

假设4-2：会计准则变革后，分析师预测准确性水平将发生显著改变。

假设4-2a：会计准则变革后，上市公司真实盈余管理显著增加，进而显著影响分析师每股收益预测偏误。

假设4-2b：会计准则变革带来的企业财务信息及信息环境的其他变化显著影响分析师每股收益预测偏误。

第二节 研 究 设 计

本书立足于2006年我国颁布的《企业会计准则》实施之后6年间（2007~2012年）的效果检验，企业在该窗口期内，逐渐适应了该会计准则带来的影响，信息披露模式的固定使实施效果有一定规律可循。根据分析师预测的性质，需要以过去至少2~3年的年报信息作为参考，因此作者认为考察会计准则变革后分析师预测的特征也必然需要至少5年的窗口期。另外，2008年金融危机对我国上市公司的影响巨大，当年的分析师预测偏差不具有参考价值，国内仅有个别文章研究会计准则变革对分析师预测准确性产生的影响（王玉涛等，2010），但所用数据均为2009年以前，研究结论的可靠性值得商榷。由此可见，本书选择的样本区间使结论的可靠性有初步保障。

一、样本选取

本章选取 2001~2012 年沪深两市全部 A 股上市公司为研究对象,剔除金融行业和数据缺失的样本,形成时间跨度为 12 年,包含 10 783 个观测样本的非平衡面板数据,基于这些数据进行了描述性分析和组间 Mann-Whitney U 检验。在多层次回归中介变量检验中,由于滞后两期变量计算及剔除变量缺失值,最后剩余 2003~2012 年共 9 年[①]的 6101 个样本,包含证监会行业分类标准下的 12 个行业。固定资产原值数据来自 Wind 金融数据库,其余数据来自国泰安数据库。

二、变量设置

基于分析师预测在资本市场上的重要作用,国内外关于分析师预测准确性影响因素的研究较多,且目前仍缺乏一个公认的模型用来描述分析师预测准确性的全部影响因素。Hope(2003)提出了在研究各国间分析师预测准确性影响因素时采用的模型,认为分析师预测准确性主要受财务会计报告的信息披露质量[②]、会计准则的实施情况的影响,而 Pope(2003)在点评这篇文章时,又提出分析师预测质量最直观的影响因素是信息、盈余的可预测性、分析师预测能力和受到的激励。本章在研究会计准则变革对分析师预测准确性形成的影响时,采用了以下基本模型:

$$\text{forecast accuracy} = f(\text{disclosures, enforcement, predictability, control variables}) \quad (4\text{-}1)$$

即分析师预测准确性(forecast accuracy)的主要影响因素是信息披露水平(disclosures)、会计准则的实施(enforcement)、盈余的可预测性(predictability)及其他控制变量(control variables)。

(一)分析师预测准确性

选取分析师每股收益预测偏误值作为衡量准确性的变量,即分析师在目标年

[①] 鉴于金融危机对分析师每股收益预测偏误形成的巨大影响可能干扰检验结果的可靠性,剔除了 2008 年数据。

[②] 与本书不同,Hope(2003)采用了国际财务分析和研究中心(Center for International Financial Analysis and Research,CIFAR)公布的信息披露评价体系来衡量信息披露质量。

份前一年对公司每股收益预测的一致性预期（Feps）(consensus forecasts)与目标年份公司的实际每股收益（Aeps）之差的绝对值。计算公式为

$$\text{Eps\_error}_{i,t} = |\text{Feps}_{i,t-1} - \text{Aeps}_{i,t}| \quad (4-2)$$

其中，Eps_error 为分析师预测每股收益的偏误值；i 为目标公司；t 为目标年份，即第 t 年。

Hope（2003）指出，为使分析师在企业下一年预测的结果中包含其对前一年财务会计报告的理性分析，需要选择会计年度中 4~12 月作为分析师预测样本的区间。作者认为，由于上市公司年报披露时间不固定，以上划分方法存在误差，应将此区间进行细化处理。在预测的目标年份年报发出之前发布的预测报告都应是分析师对过去该公司财务会计报告的理性解读和预测分析的结果。因此，选择预测目标年份前一年年报公布后到目标年份财务会计报告发布前这段时间内的所有分析师预测结果作为一致性预期计算的基础。

（二）信息披露水平

在信息披露水平的解释维度里，本书选取操纵性应计盈余管理与真实盈余管理水平两个变量。其中，操纵性应计采用以下方法获得。

Jones（1991）总应计利润的计算公式如下：

$$\text{TA}_t = (\Delta \text{CA}_t - \Delta \text{CL}_t - \Delta \text{Cash}_t + \Delta \text{STD}_t - \text{Dep}_t) / (A_{t-1}) \quad (4-3)$$

其中，TA_t 为总应计利润；ΔCA_t 为 t 年流动资产的变化；ΔCL_t 为 t 年流动负债的变化；ΔCash_t 为 t 年现金及现金等价物的变化；ΔSTD_t 为 t 年流动负债中债务的变化；Dep_t 为 t 年的折旧和摊销费用；A_{t-1} 为 $t-1$ 年的总资产。从式（4-3）可以看出，会计准则变革后，采用该公式计算的总应计利润中包含了以公允价值计量的交易性金融资产在期末确认的公允价值变动损益。

Jones（1991）假设非操纵性应计具有持续性，试图控制公司的经济环境变化对其非操纵性应计带来的影响，本书选取 Dechow 等（1995）修正的琼斯模型计算目标年份的非操纵性应计（NDA_t），其在琼斯模型的基础上加入了应收账款净增加额，将采用大量确认应收账款的销售方式进行盈余管理的情况在计算非操纵性应计时予以考虑为

$$\text{NDA}_t = \hat{\alpha}_1 (1/A_{\tau-1}) + \hat{\alpha}_2 (\Delta \text{REV}_\tau - \Delta \text{REC}_\tau)/(A_{\tau-1}) + \hat{\alpha}_3 (\text{PPE}_\tau / A_{\tau-1}) \quad (4-4)$$

其中，$A_{\tau-1}$ 为 $\tau-1$ 期总资产；ΔREV_τ 为公司 τ 期较 $\tau-1$ 期营业收入的增加额；ΔREC_τ 为公司 τ 期较 $\tau-1$ 期增加的应收账款净值；PPE_τ 为 τ 期的固定资产原值。$\hat{\alpha}_1$、$\hat{\alpha}_2$、$\hat{\alpha}_3$ 为公司特有的非操纵性应计的计算参数，采用模型（4-5），按照证监会公布的《上市公司行业分类指引》分行业和年度进行回归，对三个参数进行估计，代入式（4-4）求出 NDA。

$$TA_t = \alpha_1(1/A_{t-1}) + \alpha_2(\Delta REV_t/A_{t-1}) + \alpha_3(PPE_t/A_{t-1}) + \upsilon_t \quad (4\text{-}5)$$

则操纵性应计（DA）就是总应计利润（TA）与非操纵性应计（NDA）的差值：

$$DA_t = TA_t - NDA_t \quad (4\text{-}6)$$

在度量企业的真实盈余管理水平时，本书采用Roychowdhury（2006）对真实盈余管理分类估计的方法，计算非正常经营活动净现金流（ACFO）、非正常生产成本（APROD）和非正常期间费用（ADEXP）。计算原理是采用分年度和行业的截面回归，求出正常经营活动净现金流、正常产品成本和一般期间费用，实际现金流、产品成本和期间费用与正常值之间的差值就构成了描述真实盈余管理程度的三个指标。该方法包括以下三个基本的多元线性回归模型：

$$\frac{CFO_{i,t}}{A_{i,t-1}} = \eta_1 \frac{1}{A_{i,t-1}} + \eta_2 \frac{Sales_{i,t}}{A_{i,t-1}} + \eta_3 \frac{\Delta Sales_{i,t}}{A_{i,t-1}} + \varepsilon_{i,t} \quad (4\text{-}7)$$

$$\frac{PROD_{i,t}}{A_{i,t-1}} = \eta_1 \frac{1}{A_{i,t-1}} + \eta_2 \frac{Sales_{i,t}}{A_{i,t-1}} + \eta_3 \frac{\Delta Sales_{i,t}}{A_{i,t-1}} + \eta_4 \frac{\Delta Sales_{i,t-1}}{A_{i,t-1}} + \varepsilon_{i,t} \quad (4\text{-}8)$$

$$\frac{ADEXP_{i,t}}{A_{i,t-1}} = \eta_1 \frac{1}{A_{i,t-1}} + \eta_2 \frac{Sales_{i,t}}{A_{i,t-1}} + \varepsilon_{i,t} \quad (4\text{-}9)$$

其中，下标i和t为i公司第t年的数据；$CFO_{i,t}$为当年经营活动现金流量净额；$Sales_{i,t}$为当年营业收入；$\Delta Sales_{i,t}$为当年营业收入变动额；$\Delta Sales_{i,t-1}$为$t-1$年较$t-2$年的营业收入变动额；$A_{i,t-1}$为$t-1$年总资产；$PROD_{i,t}$为当年总生产成本；$DEXP_{i,t}$为当年可操纵的期间费用[①]。以上三个模型区分行业和年份进行回归，求出的残差值分别为非正常经营活动净现金流、非正常生产成本和非正常期间费用。

如果企业采用真实盈余管理方法来虚增盈余，则其当年的财务数据会具有以下几个特征中的一个或多个：①如果企业采用赊销或折扣销售以增加销售收入，则其经营现金流量必然较低；②如果企业采用扩大生产以降低所售商品的单位生产成本的方法，则总生产成本必然较高；③如果企业采用削减必要的期间费用的方法调高利润，期间费用数额将较低。反之，如果企业采用真实盈余管理调低盈余，则以上三个数据的表现将呈相反趋势。利用模型（4-7）~模型（4-9）求出的ACFO和ADEXP较低，而APROD较高，则说明企业进行了正向真实盈余管理，反之亦然。由于这三个变量对盈余的影响方向不同，根据Cohen等（2008）合成综合度量指标的方法，用如下公式计算真实盈余管理代理变量（REM）：REM = APROD - ACFO - ADEXP，本章考察真实盈余管理程度，因此对REM进一步取绝对值。

---

① 我国财务报表中并未披露"研发费用"，而研发费用中费用化的部分计入了"管理费用"和"销售费用"，因此采用损益表中这两项替代。

（三）会计准则的实施

根据前文分析，我国企业会计准则变革以后，盈余管理的方式可能发生改变，分析师预测的准确性可能降低，因此作者根据年份，将会计准则变革事件设置成虚拟变量。考虑到分析师预测所依据的年报必须为2~3年，因此将时间节点的划分推后两年，再剔除2008年金融危机时期的数据后，2009年之前（2002~2007年）设为0，2009~2012年设为1。

另外，本章还将审计质量作为确保会计准则实施效果的一个控制因素列入模型中，被高质量的事务所审计的上市公司，其对会计准则的理解和执行质量有一定保障，提供的财务会计报告的信息质量也相对较高。Behn 等（2008）证明了被国际"五大"会计师事务所审计的上市公司，其分析师盈余预测的准确性较高。因此，本章设置审计质量为虚拟变量，由"四大"事务所审计的公司设为1，否则设为0。

（四）盈余的可预测性

此维度代表了上市公司的基本面特征，包含公司的经营风险、盈利状态等因素。Ball 等（2000）证明了披露亏损上市公司的盈利预测更加困难，预测偏差更大。本书选取了亏损情况、财务风险和经营风险指标作为此维度的控制变量。盈利状况良好、经营稳健、风险较低的公司更容易按照经营计划稳步发展，其盈利情况也较容易预测；反之，财务风险较高的公司的融资、投资、分配活动都面临被动局面，而经营风险较高的公司的收益稳定性将无法保障，因此分析师预测的准确性也较低。本书设置了亏损情况虚拟变量，预测目标年份的净资产收益率（return on equity，ROE）为负时取1，否则取0；采用资产负债率衡量财务风险；采用预测的目标年份之前三年上市公司营业收入的标准差系数衡量经营风险。

（五）其他控制变量

本书的研究选取在目标年份前一年，跟进一家上市公司的分析人数作为分析师关注度控制变量。Lang 和 Lundholm（1993）证明了跟进一家公司的分析师人数越多，披露的信息含量越丰富，分析师之间的不同意见越少，预测的波动性也越小。从分析师预测能力的角度来看，跟进一家公司的分析师人数越多，则参与进行预测的人群总体知识结构也将越完善，市场上关于此上市公司的信息就越丰富，因此分析师人数将与预测准确性正相关。对于二者的关系，还有从激励角度展开的解释,即认为跟进一家公司的分析师人数越多,则市场竞争越激烈,分析师将受到更多的激励去进行准确、可靠的预测(Lys and Soo,1995)。

本书的研究还控制了公司的规模因素,用年末总市值的自然对数来衡量。公司规模可作为几个影响因素的代理变量,首先,公司规模越大,其曝光率越高,会有更多的信息可供分析师使用;其次,公司规模也可以作为企业管理者激励程度的代理变量(Hope,2003),激励情况能影响管理者的盈余管理活动,但公司规模对分析师预测偏误的影响方向尚不确定。

另外,控制变量还包括机构持股比例和股权集中度。机构持股比例一方面对控股股东和管理者形成了监督制衡;另一方面也影响了分析师可获得的内部信息和私有信息。因此,机构持股比例与分析师预测准确性预期呈正相关关系。股权集中度衡量了大股东股权分布状态和对公司的控制力,集中的股权能够使大股东具有动力和能力对管理者行为实施积极的监督,从而改善信息披露质量(Shleifer and Vishny,1997),但过于集中的股权也被证明能够使大股东通过操纵盈余信息干扰中小股东决策(Fan and Wong,2002)。因此,股权集中度对盈余质量的影响尚无定论,对分析师预测准确性影响方向也不确定。

具体的变量定义如表4-1所示。

表4-1 主要变量定义

变量类型	变量符号	变量名称	变量定义
被解释变量	Eps_errors	分析师每股收益预测偏误	预测目标年份公司每股收益与年报披露日前360天分析师预测的一致性预期之差的绝对值
解释变量	CAS	会计准则变革	虚拟变量,在会计准则变革前的年份取0,会计准则变革后取1,在本书中,以分析师预测可参照的财务会计报告披露年份在会计准则变革后取1来度量,预测目标年份在2009~2012年的取1,2009年之前的年份(2002~2007年)取0
中介变量	REM	真实盈余管理	采用Roychowdhury(2006)和Cohen等(2008)的计算方法,并取绝对值
控制变量	DA	操纵性应计	由修正的琼斯模型计算的操纵性应计
	LossDum	是否亏损	虚拟变量,在预测的目标年份,上市公司ROE为负,则取值为1,否则取0
	AQDum	审计质量	虚拟变量,由中国2012年审计事务所综合评价中排名前四位的事务所[①]进行审计的公司取1,否则取0
	Lnana	分析师跟进	在目标年份财务会计报告披露日前的360天内,曾发布目标上市公司净利润预测报告的分析师人数

---

① 排名前四位的事务所分别为:普华永道中天会计师事务所、德勤华永会计师事务所、安永华明会计师事务所、毕马威华振会计师事务所,也即国际"四大"事务所。

续表

变量类型	变量符号	变量名称	变量定义
控制变量	Lnmv	公司规模	预测的目标年份,上市公司年末总市值的自然对数
	FR	财务风险	预测的目标年份,上市公司年末资产负债率
	BR	经营风险	预测的目标年份前三年,上市公司营业收入的标准差系数
	Fundhold	机构持股比例	预测目标年份的年末机构持股百分比
	OC	股权集中度	上市公司预测目标年份前三位大股东持股比例之和
	Ind	行业	虚拟变量,按照证监会行业分类标准,除制造业按二级行业编码划分 10 类外,样本公司涉及的其余 11 个行业以一级编码为准,共设置 20 个行业虚拟变量

三、模型设定

本章采取中介变量研究方法,被解释变量为分析师每股收益预测偏误,解释变量为会计准则变革的虚拟变量,中介变量为上市公司真实盈余管理程度。首先对所有变量进行中心化处理,再进行多层次回归,具体的检验程序为以下几个方面。

(1)检验直接解释变量的回归系数,采用模型(4-10),以 CAS 为解释变量,以 Eps_errors 为被解释变量进行普通最小二乘(ordinary least square,OLS)法回归。

$$\text{Eps\_errors} = \beta_0 + \beta_1 \text{CAS} + \beta_2 \text{DA} + \beta_3 \text{LossDum} + \beta_4 \text{Lnana} + \beta_5 \text{FR} + \beta_6 \text{BR} \\ + \beta_7 \text{Lnmv} + \beta_8 \text{AQDum} + \beta_9 \text{OC} + \beta_{10} \text{Fundhold} + \sum_{n=11}^{30} \text{Ind}_n + \mu \quad (4\text{-}10)$$

(2)采用 Baron 和 Kenny(1986)的部分中介检验,依据模型(4-11)和模型(4-12),分别检验系数的显著性,如果系数均显著则证明会计准则变革对分析师每股收益预测偏误的影响至少有一部分是通过改变公司的真实盈余管理行为来实现的,为了进一步排除犯拒真错误的可能性,继续进行下一步检验。

$$\text{REM} = \gamma_0 + \gamma_1 \text{CAS} + \gamma_2 \text{BR} + \gamma_3 \text{Lnmv} + \gamma_4 \text{AQDum} + \gamma_5 \text{OC} \\ + \gamma_6 \text{Fundhold} + \sum_{n=7}^{26} \text{Ind}_n + \varepsilon \quad (4\text{-}11)$$

$$\text{Eps\_errors} = \lambda_0 + \lambda_1 \text{REM} + \lambda_2 \text{DA} + \lambda_3 \text{LossDum} + \lambda_4 \text{Lnana} + \lambda_5 \text{FR} + \lambda_6 \text{BR} \\ + \lambda_7 \text{Lnmv} + \lambda_8 \text{AQDum} + \lambda_9 \text{OC} + \lambda_{10} \text{Fundhold} + \sum_{n=11}^{30} \text{Ind}_n + \kappa \quad (4\text{-}12)$$

(3)进行 Judd 和 Kenny(1981)完全中介检验中的第三个检验,即在模型（4-10）中控制 REM 变量，采用模型（4-13）检验解释变量 CAS 的系数是否显著。

$$Eps\_errors = \theta_0 + \theta_1 CAS + \theta_2 REM + \theta_3 DA + \theta_4 LossDum + \theta_5 Lnana \\ + \theta_6 FR + \theta_7 BR + \theta_8 Lnmv + \theta_9 AQDum + \theta_{10} OC \\ + \theta_{11} Fundhold + \sum_{n=12}^{31} Ind_n + \sigma \quad (4\text{-}13)$$

第三节 描述性统计与相关性分析

针对本章的主要解释变量和被解释变量，首先进行了描述性统计和相关性分析，以介绍样本性状和变量特征，初步检验变量间的相关关系。

一、描述性统计

表 4-2 是分析师每股收益预测偏误的分年度描述性统计结果。从均值和中位数在 2001~2012 年的变化趋势来看，我国上市公司分析师预测准确性呈现下降趋势。在 2006 年之前，每股收益的预测偏误均值在 0.1 元附近，而 2006 年之后，徘徊在 0.15 元上下。同样，中位数表现得更加明显。

表 4-2 分析师每股收益预测偏误的分年度描述性统计结果

年份	样本数	均值/元	标准差/元	p25/元	中位数/元	p75/元	偏度	峰度
2001	36	0.111	0.225	0.013	0.035	0.075	2.99	11.14
2002	256	0.097	0.149	0.021	0.050	0.120	3.98	22.80
2003	345	0.078	0.129	0.016	0.042	0.089	4.70	31.45
2004	430	0.093	0.110	0.022	0.056	0.121	2.42	10.68
2005	537	0.102	0.167	0.018	0.051	0.111	4.19	25.04
2006	703	0.102	0.178	0.019	0.048	0.107	4.52	27.54
2007	889	0.100	0.156	0.020	0.050	0.107	4.11	24.78
2008	1005	0.204	0.251	0.044	0.115	0.250	2.22	8.30
2009	1352	0.128	0.192	0.024	0.069	0.148	3.65	19.26
2010	1621	0.141	0.170	0.034	0.085	0.187	2.98	15.93
2011	1871	0.167	0.199	0.042	0.100	0.210	2.66	12.15
2012	1738	0.146	0.183	0.035	0.083	0.190	3.05	15.72

注：p25 为下四分位数，p75 为上四分位数

为便于进一步发现会计准则这一制度出台对分析师每股收益预测偏误值产生的影响，作者绘制了每股收益预测偏误均值与平均分析师跟进人数变化的趋势图（图4-2）。从图4-2中可以看出，近年来我国资本市场上证券、金融、投资分析行业的发展带动了分析师行业人数的激增，平均每家公司的分析师跟进人数从2001年的1人到2012年的18人，一方面说明市场对盈余预测数据的需求不断扩大，促进了证券分析师职业的发展；另一方面表明资本市场上信息渠道不断丰富，信息获取成本更低。现有研究普遍证明，跟进一家公司的分析师人数越多，盈余预测的准确性越高（Lang and Lundholm，1993）。但从图4-2中两条曲线的走势也可发现，我国情况与传统实证结果的背离。分析师每股收益预测偏误在会计准则变革前后有明显区别，上市公司于2007年1月1日开始强制实行新会计准则，即从2006年的年报披露开始，新会计准则使财务会计报告的信息披露具有新的特征。由于分析师预测盈余的依据是过去的年报信息，本书将2006~2009年设置为过渡期，即分析师依据会计准则变革前和变革后的财务会计报告信息做出的盈余预测。可以看出，2007年的预测结果与2006年及以前没有太大差异；2008年金融危机的影响使当年的分析师每股收益预测偏误均值升至0.204元；从2009年开始，分析师每股收益预测偏误均值较2007年及以前明显增大。因此，可以推测会计准则变革可能影响了分析师每股收益预测偏误，但形成影响的具体原因还需要进一步验证。

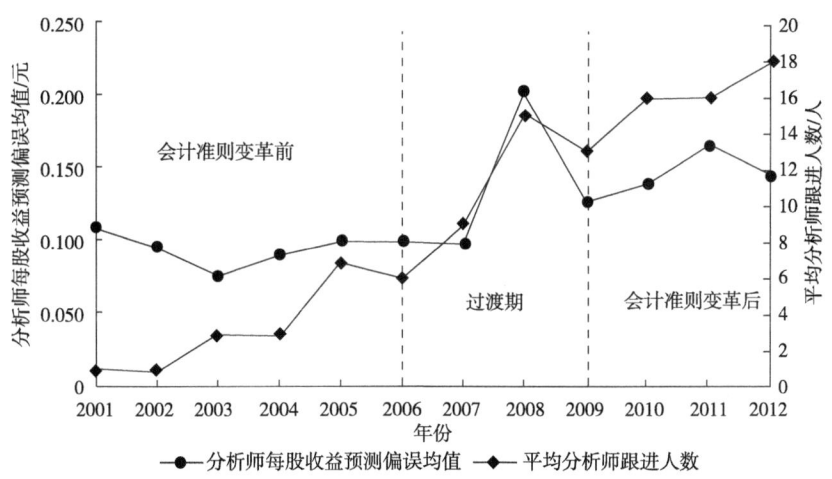

图4-2　分析师每股收益预测偏误均值与平均分析师跟进人数变化趋势图

由前文的理论分析可知，本书认为会计准则变革前后企业盈余管理方式的转变是影响信息披露质量，乃至影响分析师每股收益预测偏误的主要原因。因此，作者针对REM和DA进行了会计准则变革前后的非参数Mann-Whitney U 检验。为了度量非正常经营活动净现金流（ACFO）、非正常生产成本（APROD）和非正常期间费用（ADEXP）的程度，避免在构造REM变量时出现相互抵消的情况，本章对构成真实盈余管理代理变量的三个变量ACFO、APROD和ADEXP分别进行了差异检验，并且为显示这三个变量的操控程度，本章也对取绝对值后的变量进行了比较。对于操纵性应计的盈余管理程度，同样对总的DA取绝对值，并区分正向盈余管理和负向盈余管理分别进行比较。从表4-3的结果可以看出，会计准则变革后，企业的真实盈余管理程度显著高于会计准则变革前，具体表现为非正常经营活动净现金流和非正常期间费用的显著减少，以及非正常生产成本的增加。说明会计准则变革后，我国上市公司的真实盈余管理三个方面的操作都朝正向盈余管理的方向显著增加，导致总的真实盈余管理强度增大，验证了假设4-1。另外，ACFO_abs、APROD_abs和ADEXP_abs均显著高于会计准则变革前，说明无论是正向还是负向的调节盈余，企业对非正常项目的操纵程度都显著加大。

表4-3 会计准则变革前后真实盈余管理和应计盈余管理的差异检验

变量名称	会计准则变革前		会计准则变革后		Mann-Whitney U 检验 z 值
	均值	中位数	均值	中位数	
REM	0.126	0.084	0.195	0.112	-15.274^{***} （0.000）
其中：ACFO	4.03×10^{-11}	7.94×10^{-4}	7.98×10^{-10}	2.48×10^{-3}	1.756^{*} （0.079）
APROD	-1.99×10^{-9}	-6.96×10^{-3}	-9.64×10^{-10}	-2.94×10^{-3}	-2.213^{**} （0.027）
ADEXP	-2.26×10^{-10}	-1.33×10^{-2}	-7.36×10^{-10}	-1.28×10^{-2}	2.985^{**} （0.003）
ACFO_abs	0.065	0.045	0.080	0.051	-6.836^{***} （0.000）
APROD_abs	0.077	0.045	0.112	0.054	-2.213^{**} （0.027）
ADEXP_abs	0.046	0.031	0.056	0.034	-4.281^{***} （0.000）
DA	0.145	0.106	0.198	0.108	-2.449^{**} （0.016）
其中：DA_positive	0.154	0.116	0.219	0.121	-3.369^{***} （0.000）
DA_negative	0.131	0.091	0.161	0.087	-0.944 （0.345）

注：①括号中为 p 值，DA_positive 为正向应计盈余管理；DA_negative 为负向应计盈余管理；②与表4-2中计算每股收益预测偏误的峰度和偏度一样，本表也计算了REM和DA的峰度和偏度，限于篇幅，未予披露，发现REM和DA数据很难满足总体正态分布假设，但会计准则变革前后，样本数据分布基本相同，因此在进行会计准则变革前后的盈余管理状况比较时，采用了非参数 Mann-Whitney U 检验，其显著程度用 z 值表示
*、**、***分别表示统计检验在0.1、0.05、0.01水平上显著

从操纵性应计的差异比较来看，在会计准则变革后，应计盈余管理程度也同样显著高于会计准则变革前，尤其是正向的操纵性应计显著增加，说明近年来，上市公司对盈余管理的总体需求是增加的。但仅通过对中位数的非参数 Mann-Whitney U 检验并不能发现真实盈余管理与应计盈余管理在会计准则变革前后的

变化趋势有何差异。因此，本书利用2002~2012年真实盈余管理、操纵性应计及构成真实盈余管理的三个变量的均值绘制了趋势图①，见图4-3。

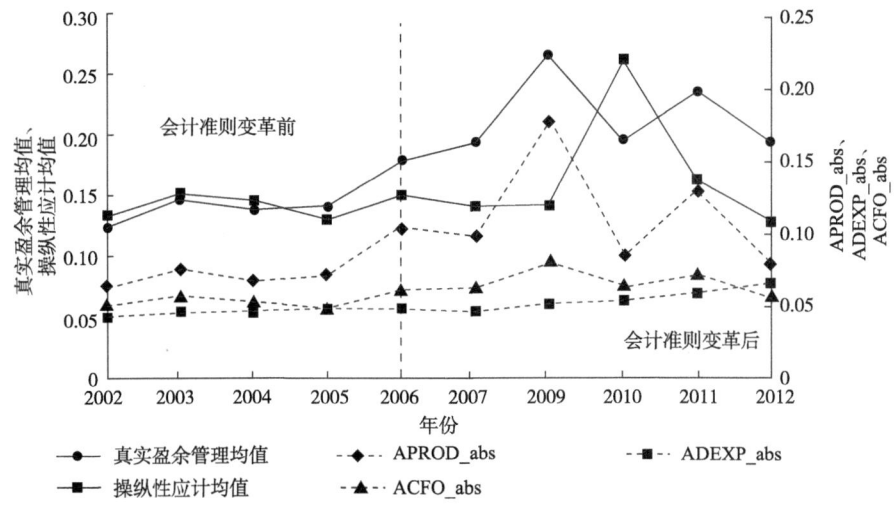

图4-3　真实盈余管理水平与操纵性应计变化趋势图

从图4-3描绘的趋势可以看出，在会计准则变革前的2002~2005年，真实盈余管理和操纵性应计盈余管理程度基本持平，曲线的波动平缓。而在2006年及之后，真实盈余管理表现出明显的上升趋势，操纵性应计盈余管理在之后的三年没有明显变化。2007~2011年（除2008年外），两种盈余管理呈现此消彼长的替代关系。总体来看，真实盈余管理的上升表现得更加明显，趋势更加陡峭。观察构成真实盈余管理的三个变量可以发现，企业的非正常生产成本波动较大，增幅也较明显，而非正常期间费用则缓慢上扬，具体原因可能是新会计准则对研发费用的处理规定促使企业增加了研发投入。图4-3说明，会计准则变革后，企业管理者拓宽了盈余管理的思路，与操纵性应计盈余管理相比，真实盈余管理的幅度加大，并且初步判断二者存在一定的替代关系。然而，真实盈余管理和操纵性应计盈余管理二者之中，哪个才是会计准则变革后分析师预测偏误变大的原因，有待进一步检验。

二、相关性分析

根据分析师每股收益预测偏误的描述性统计结果，由峰度和偏度得知数据不

---

① 2008年报受金融危机的影响，各个变量表现较为异常，不具参考价值，因此，图4-3中剔除了2008年的数据。

服从正态分布，并且变量中包含非连续的虚拟变量，因此只能采用 Spearman 秩相关分析，表 4-4 列报了 Spearman 秩相关系数。总体来看，除公司规模同分析师跟进人数之间的相关系数较高以外，其他变量的相关系数都在 0.3 以下，初步排除了多重共线性对回归结果的不利影响。另外，分析师每股收益预测偏误与会计准则变革虚拟变量、真实盈余管理水平的相关性均在 0.01 的水平上显著，说明三者之间可能存在密切的因果联系。操纵性应计水平与真实盈余管理在 0.1 的显著性水平上负相关，初步指向二者之间可能存在替代关系。

表 4-4　变量的 Spearman 秩相关分析结果

变量	变量					
	Eps_errors	CAS	REM	DA	LossDum	AQDum
Eps_errors	1					
CAS	0.160***	1				
REM	0.079***	0.057***	1			
DA	0.055***	0.010	−0.028*	1		
LossDum	0.258***	0.048***	−0.013	−0.066***	1	
AQDum	−0.034***	−0.079***	0.013	−0.069***	−0.001	1
Lnana	0.109***	0.268***	0.146***	0.043***	−0.148***	0.143***
Lnmv	0.065***	0.167***	0.132***	−0.004	−0.111***	0.247***
FR	0.115***	0.043***	−0.017	0.043***	0.134***	0.006
BR	0.122***	0.079***	−0.092***	0.143***	−0.016	−0.023*
Fundhold	0.043***	0.047***	0.027**	0.034***	−0.055***	−0.006
OC	−0.020	−0.142***	0.050***	−0.028	−0.050***	0.190***
变量	变量					
	Lnana	Lnmv	FR	BR	Fundhold	OC
Eps_errors						
CAS						
REM						
DA						
LossDum						
AQDum						
Lnana	1					
Lnmv	0.578***	1				
FR	−0.024*	0.025**	1			
BR	0.161***	0.118***	0.147***	1		
Fundhold	0.259***	0.186***	−0.065***	0.050***	1	
OC	0.092***	0.228***	0.001	0.072***	0.006	1

*、**、***分别表示统计检验在 0.1、0.05、0.01 水平上显著

第四节 会计准则变革对分析师预测偏误的影响分析

本节针对会计准则变革、真实盈余管理与分析师每股收益预测偏误的影响路径进行中介变量检验，又采用 Bootstrap 抽样方法，确保一般线性回归的标准误更加稳健。

一、中介变量检验

根据前文的理论分析，作者认为会计准则变革影响了企业盈余管理的方式，上市公司采用了更多的真实盈余管理，使分析师更难预测企业未来盈余，从而降低了盈余预测的准确性，即财务会计报告信息效率下降。会计准则变革前后的 Mann-Whitney U 检验，以及分年度的描述性统计分析也初步印证了本章的假设。本节将采用多元回归和中介变量检验的方法，进一步验证会计准则变革产生影响的路径和结果。依据中介变量检验的程序和本章设定的模型，将检验结果列示在表 4-5 中，图 4-4 为真实盈余管理在会计准则变革和分析师每股收益预测偏误间的中介作用图，a、b、c 和 c' 分别表示图中连线变量之间的相关系数，且标示了显著性水平。

表 4-5 真实盈余管理的中介效应检验

变量	模型（4-10）		模型（4-11）		模型（4-12）		模型（4-13）	
	Eps_errors		REM		Eps_errors		Eps_errors	
	系数	t	系数	t	系数	t	系数	t
CAS	0.031	6.57***（0.000）	0.023	3.64***（0.000）			0.030	6.43***（0.000）
REM					0.046	2.93***（0.003）	0.044	2.82***（0.005）
DA	0.016	1.04*（0.297）			0.018	1.17*（0.244）	0.017	1.11*（0.268）
LossDum	−0.353	−15.73***（0.000）			−0.357	−16.04***（0.000）	−0.352	−15.73***（0.000）
Lnana	0.000 1	1.23（0.220）			0.000 3	2.66***（0.008）	0.000 1	1.03（0.303）

续表

变量	模型（4-10）Eps_errors 系数	模型（4-10）Eps_errors t	模型（4-11）REM 系数	模型（4-11）REM t	模型（4-12）Eps_errors 系数	模型（4-12）Eps_errors t	模型（4-13）Eps_errors 系数	模型（4-13）Eps_errors t
FR	-0.001	-0.20 (0.840)			-0.001	-0.16 (0.869)	-0.001	-0.18 (0.854)
BR	0.054	4.50*** (0.000)	0.047	2.01** (0.045)	0.056	4.54*** (0.000)	0.052	4.28*** (0.000)
Lnmv	0.004	1.51 (0.132)	0.029	6.37*** (0.000)	0.005	1.75* (0.081)	0.003	1.16 (0.248)
Fundhold	0.0003	0.96 (0.339)	0.0004	0.65 (0.514)	0.0004	0.13 (0.895)	0.0001	0.97 (0.332)
AQDum	-0.016	-2.03** (0.042)	-0.030	-2.80*** (0.005)	-0.021	-2.69*** (0.007)	-0.015	-1.86* (0.063)
OC	-0.0002	-1.47 (0.143)	0.001	11.97** (0.049)	-0.0004	-2.80*** (0.005)	-0.00002	-1.63 (0.103)
常数项	0.391	7.54*** (0.000)	-0.275	-3.79*** (0.000)	0.400	7.75*** (0.000)	0.400	7.73*** (0.000)
Ind	控制		控制		控制		控制	
F	16.21***		23.31***		15.05***		15.88***	
adjusted R^2（调整的 R^2）	0.194		0.121		0.193		0.198	

注：①括号中为 p 值；②t 值为经过 White 异方差修正的稳健标准误计算的 t 值；③模型中包含一个与年份变量高度相关的会计准则变革变量，为避免存在多重共线性问题，检验中并没有控制年份变量；④根据数据特征，对被解释变量 Eps_errors 做了 5‰的单侧 Winsorize 缩尾处理，对控制变量 DA 做了双侧 1%的缩尾处理，以控制极端值的影响；⑤为检验变量之间是否存在多重共线性问题，对各模型回归后还计算了各变量的方差膨胀因子 VIF，最大值分别为 3.63、3.61、3.65、3.65，均值分别为 1.66、1.70、1.66、1.65，表明不存在多重共线性，限于篇幅，表中未披露

*、**、***分别表示统计检验在 0.1、0.05、0.01 水平上显著

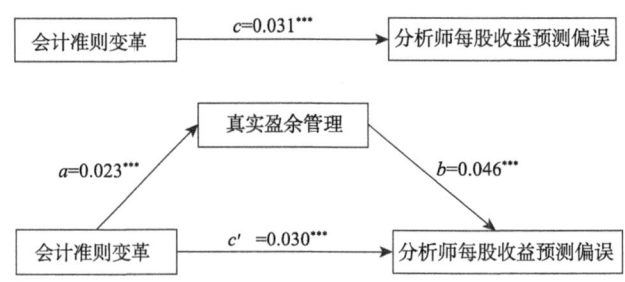

图 4-4 真实盈余管理在会计准则变革和分析师每股收益预测偏误间的中介作用图

***表示统计检验在 0.01 水平上显著

模型（4-10）的回归结果显示，会计准则变革与分析师每股收益预测偏误均为显著的正相关关系，系数 c 为 0.031，在 0.01 的水平上显著，表明会计准则变

革显著扩大了分析师每股收益预测偏误,验证了假设 4-2。模型(4-11)和模型(4-12)部分中介检验的结果显示,系数 a 和 b 均显著,意味着会计准则变革对分析师预测准确性的影响至少有一部分是通过中介变量——真实盈余管理实现的。说明会计准则变革后,上市公司的真实盈余管理程度显著增大,且真实盈余管理能够显著降低分析师预测的准确性,即真实盈余管理越多,预测准确性越差,也验证了假设 4-1 及假设 4-2a。模型(4-13)为完全中介检验,在控制了真实盈余管理变量以后,会计准则变革对分析师每股收益预测偏误的影响系数 c' 为 0.030,略小于 c,依然显著,说明三者的关系是部分中介过程,即会计准则变革对分析师每股收益预测偏误的影响只有一部分是通过真实盈余管理实现的。同时说明,会计准则变革也带来了财务信息及信息环境的其他变化,从而影响了分析师预测的准确性,验证了假设 4-2b。

此外,操纵性应计与分析师每股收益预测偏误也具有显著正相关关系,显著性水平弱于真实盈余管理,这也说明与应计盈余管理相比,真实盈余管理更难识别,也使未来盈余更不易预知。操纵性应计与真实盈余管理之间不存在显著的替代关系,这与预计结果略有不符,说明会计准则变革后,新会计准则封堵了一些应计盈余管理的途径,使企业放大真实盈余管理的操作,同时管理者很快适应了新会计准则下的应计操纵方式,因此并没有大幅消减操纵性应计盈余管理。亏损和经营风险大的公司,盈余预测将更困难,但债务负担和债权人约束并没有对企业未来盈余的稳定性造成影响。同时,分析师跟进人数也没有对预测偏误形成显著影响,关注一家上市公司的分析师越多,关于该公司的信息也越丰富,但又很可能造成信息冗余和误导,从而并没有在整体上提高预测的准确性。公司规模越大,其业务和活动越复杂,未来收益也更难预测,因此公司规模与预测偏误显著负相关。审计质量决定了上市公司的信息披露质量,因此经"四大"事务所审计的公司,分析师每股收益预测偏误也更小。本章还验证了股权集中的监督和制衡效用,即股权集中度与分析师每股收益预测偏误显著负相关,但机构持股的制衡效用和信息优势并没有得到证实。

二、自体抽样 Bootstrap 抽样检验

本章还采用 Bootstrap 抽样方法,对模型(4-13)进行补充检验,以确保标准误更加稳健,结果见表 4-6。检验步骤为:①从全部 6101 个观测样本中有放回地随机抽取 6101 个样本,具体方法为每次抽取一个样本后,将其放入样本池中,继续抽取以得到一个由 6101 个随机抽取样本组成的新样本池中,进行模型(4-13)

的检验，求出系数的估计值；②重复第一步骤 3000 次[①]，得到一系列样本的系数估计值，使用这 3000 个估计值便可以求出四个模型在 Bootstrap 抽样检验下的标准误，从而确保回归结果的稳健性。限于篇幅，本次检验省略了对于控制变量回归结果的汇报，控制变量的系数和显著性水平与 OLS 回归结果无明显差异。从解释变量和中介变量的系数来看，Bootstrap 抽样法下，中介效应同样显著，实证结果无变化。

表 4-6　Bootstrap 抽样检验结果

Bootstrap（抽样次数=3000 次）	模型（4-10）	模型（4-11）	模型（4-12）	模型（4-13）
	Eps_errors	REM	Eps_errors	Eps_errors
CAS	0.0295*** （6.40）			0.0286*** （6.22）
REM		0.0258*** （3.87）	0.0430*** （2.86）	0.0413*** （2.73）
控制变量	控制	控制	控制	控制
adjusted R^2	0.184	0.027	0.183	0.187

注：①括号内为 t 值；②限于篇幅，本表格略去了控制变量的回归结果
***表示统计检验在 0.01 水平上显著

第五节　稳健性检验

为确保研究结论的稳健性，本节针对真实盈余管理的三种方式进行了稳健性检验。正如前文所述，企业从事真实盈余管理主要包括三个方面，即赊销或折扣销售、扩大生产、削减必要的期间费用，真实盈余管理代理变量是由公式 REM=APROD-ACFO-ADEXP 计算得出，鉴于企业可能只采用其中的一种或两种，或者真实盈余管理是三种方式综合作用的结果，作者对三种方式分别进行考察，具体做法是将非正常经营现金净流量、非正常生产成本和非正常期间费用分别取绝对值，用以衡量企业真实盈余管理的程度。分别用这三个变量替代真实盈余管理的综合代理变量，表 4-7 列出了替换中介变量的检验结果。

[①] 通常抽样 3000 次就能达到很好的效果。

表 4-7 替换中介变量的检验结果

中介变量的替代变量	回归结果	a	b	c	c'
ACFO_abs	估计值	0.0051**	0.0970***	0.0301***	0.0290***
	t 值	2.32	2.64	6.36	6.32
	sig.	0.020	0.008	0.000	0.000
APROD_abs	估计值	0.0247***	0.0363**	0.0301***	0.0295***
	t 值	4.45	2.37	6.36	6.22
	sig.	0.000	0.018	0.000	0.000
ADEXP_abs	估计值	0.0063***	0.0847**	0.0301***	0.0299***
	t 值	2.57	2.01	6.36	6.33
	sig.	0.010	0.045	0.000	0.000

注：sig. 表示显著性水平
、*分别表示统计检验在 0.05、0.01 水平上显著

由表 4-7 中回归结果可以看出，会计准则变革显著增加了三种具体的真实盈余管理方式进行的盈余管理，在这三种方式下，企业的盈余变得更难预测，即非正常经营活动净现金流、非正常生产成本和非正常期间费用均与分析师每股收益预测偏误显著正相关。由此可见，将中介变量真实盈余管理综合指数替换成具体的三个方面的代理变量也同样验证了本章的假设，结论较为稳健。

第六节 本章小结

本章通过理论论证，分析了会计准则变革对财务会计报告信息效率的影响路径，通过多层次回归的中介变量检验，验证了研究假设，得出如下结论：①会计准则变革后分析师数量显著增加，但盈余预测的准确性却显著下降；②会计准则变革前，企业的应计盈余管理水平与真实盈余管理水平总体上相差不大，但会计准则变革后，上市公司盈余管理行为发生改变，表现为应计盈余管理虽没有显著变化，但真实盈余管理显著增加；③会计准则变革促使上市公司采用更多的真实盈余管理手段调整盈余，真实盈余管理的增加是导致分析师盈余预测准确性下降的原因之一。

以上结论说明我国会计准则的国际趋同能够发挥一定的治理功能，虽未整体减少上市公司的盈余管理行为，但起到了制约作用，应计盈余管理并未随着盈余

管理需求的增加而增长。同时，管理者也寻找到在会计准则制约之外的盈余管理渠道，通过操纵经营行为实现盈余目标。真实盈余管理不仅干扰信息使用者的正确决策，还有碍企业长期价值的实现，破坏可持续发展，这无疑与会计准则变革的目标相悖。

国内外研究普遍发现，国家的经济环境、制度环境和市场环境决定了会计准则的执行效果。在国外被普遍证实对一国信息披露质量、分析师预测准确性，乃至资本市场信息效率能够产生积极影响的 IFRS，在我国实施的结果却刚好相反。因此，在极力推进会计准则国际等效趋同的过程中，更应该关注经济社会发展速度、法律制度、社会文化、公司治理水平等环境因素对执行效果的影响。

经济发展需要高效的社会资源配置作为支持，而资本市场信息环境又是决定资本配置效率的核心要素。我国资本市场信息环境是由信息效率、市场监管、法律保护等多方面因素共同影响的结果。财务会计报告审计仅能部分遏制企业明显的利润操纵行为，而针对企业真实盈余管理范围的放大和程度加深，市场需要更多高素质财务分析人员和预测人员，识别企业有损未来价值的经营性盈余管理，他们也将成为财务会计报告信息最可靠的解读者，一方面能够形成对企业的有效监督，提高财务会计报告的资本市场信息效率；另一方面有助于投资者做出正确决策，促进资本优化配置。

资本市场存在和运行的一项重要功能是在信息公开和充分流通的基础上，由市场主导价格，通过投资者决策，引导资源合理配置。资本市场定价的合理性不仅取决于上市公司披露的财务信息质量，还取决于投资者和潜在投资人如何分析及解读信息。因此，会计准则变革可能带来资本市场信息披露的变化，进而影响信息使用者的决策判断，但信息使用者并非完全处于被动地位。随着市场的发展和投资者成熟度的提升，其信息搜集、使用及决策习惯均会逐步调整。研究准则变革后，信息与信息使用者互动作用下，机构投资者和普通投资者的信息搜集习惯、使用方法、决策行为的变化就将成为资本市场信息效率研究中的重要课题。本书仅考虑了制度变革对分析师这样一个特殊群体的影响，未来将该影响的研究辐射至资本市场上其他主体将为我国资本市场信息环境的改善和信息效率的提升提供更多可行的方案。

第五章　会计准则变革与资本市场功能锁定现象

本章探讨以下三个问题：①2001年《企业会计制度》实施后，我国上市公司财务会计报告的信息含量；②在我国资本市场中，基于当期盈余的功能锁定和基于盈余质量的功能锁定现象确实存在，且与应计盈余管理相比，真实盈余管理能够导致更加严重的功能锁定现象；③2007年的会计准则变革对基于盈余质量的功能锁定产生了抑制作用。对于以上问题的证明，采用了 t 检验和基于混合数据的变量调节效应检验。在稳健性检验中，分别用总资产报酬率和净资产收益率来替代每股收益，生成未预期盈余变量来替换被解释变量和解释变量；另外，还通过改变控制变量中连续型变量的度量方式进行重新检验，确保研究结论的稳健性。

第一节　理论发展与假设提出

在我国资本市场上，投资者的认知偏差、企业的盈余管理行为和信息披露行为的监管情况都是导致我国资本市场存在错误定价和市场低效率运行的原因。而严苛的会计制度规定能够减少管理者的盈余管理行为，提高财务会计报告的信息质量（Schipper，2003；Ewert and Wagenhofer，2005）。因此，会计准则变革通常被期待能够在一定程度上抑制盈余管理，通过提高盈余质量来改善资本市场存在的功能锁定现象。

一、我国资本市场存在功能锁定现象的原因

行为会计理论认为,投资者的认知偏差、企业的盈余管理行为和信息披露行为的监管情况都是导致资本市场存在错误定价和市场低效率运行的原因。

(一)投资者的认知偏差

Dearman 和 Shield(2010)曾采用实验研究方法论证了导致功能锁定现象存在的认知过程,通过考察个体投资者的认知如何适应会计方法的变更,研究发现投资者的会计知识、问题解决能力和参与决策工作的内在动力都能够影响投资者的认知过程。与西方发达国家相比,我国中小投资者的会计知识、问题解决能力普遍不足,机构投资者发展相对缓慢,持股水平较低,很难发挥减少市场认知偏差的关键作用。因此,我国资本市场中将不可避免地存在功能锁定现象。

(二)企业的盈余管理行为

Jensen 和 Meckling(1976)认为,公司是不同个体间缔结的一系列契约关系的集合,包括债务契约、管理层薪酬契约和公司章程等,而这些契约往往以会计数字作为订约依据,并且对订约各方行为采取基于会计数字的各种限制(杜兴强等,2009)。管理者将积极维护管理层薪酬契约,并努力保障债务契约的达成。

管理者进行盈余管理的动机可能是为了红利、债务契约(Watts and Zimmerman,1986),或是为了吸引投资者进行股票或债券投资,但最主要的动机还是改变投资者对公司当前价值的理解,吸引新的投资或是在高价位卖掉股票获利(Dechow et al.,1996),但无论出于何种动机,被调整后的盈余数字使分析师对未来盈余和现金流的预测准确性有所下降。投资者利用该盈余信息进行决策时,无法区分盈余中的真实部分和操纵部分,因此将产生错误的估值和定价,使股价功能锁定于总盈余。

(三)信息披露行为的监管

Ball(2006)的研究指出,会计准则本身的设计、会计准则实施的制度和法律环境都能够影响会计准则的执行效果。Barth 等(2008)也证明了 IAS 的实施效果受财务会计报告系统的各个要素的影响,包括会计准则本身、对会计准则的理解、实施及立法。我国会计准则在执行过程中,来自社会公众的监督和制衡明显不足,对投资者遭受因企业披露的信息不实带来的利益损害也缺乏严苛的立法

保护。因此,大力推进更加完善的会计制度顺利实施,有助于减少功能锁定现象导致的错误定价,但新会计准则执行的同时,也需要建立健全良好的信息披露环境,以确保会计准则的实施效果。

二、会计准则变革对功能锁定现象的影响

一个具有较高信息效率的资本市场对信息披露制度有严格的规定,并针对投资者利益出台相应的法律保护制度。作为规范信息披露质量的核心和关键,会计准则本身的质量决定了生成信息是否符合有用性、相关性、可靠性、可比性等信息质量要求。众多关于会计准则变革的研究已经证实,更严苛的会计制度规定能够减少管理者的盈余管理行为,提高财务会计报告的信息质量(Schipper,2003;Ewert and Wagenhofer,2005)。

虽然每一次会计准则变革都试图更好地实现其目标,即新会计准则的实施可能会对财务会计报告的信息披露有好的影响,但结论也可能相反。由于管理者机会主义动机的存在,他们永远不会放弃利用私有信息获取收益,会计准则变革可能会改变一些盈余管理行为,管理者也会相应调整盈余管理的内容和方法。但只要会计中有可操纵的部分存在,就将为管理者进行盈余管理创造新的机会,错误地引导公司的经济业绩(Watts and Zimmerman,1986)。因此,提高财务会计报告信息披露质量是我国资本市场发展过程中需要解决的一个重要问题。

2006年出台的《企业会计准则》在实现会计处理、财务会计报告内容和形式与IFRS全面趋同的同时,也为我国的财务信息披露提出了新的要求。在该会计准则的规范下,企业财务会计报告提供的信息与以往相比发生了显著的改变,因此,资本市场的信息环境和信息效率也将受到影响,见图5-1。

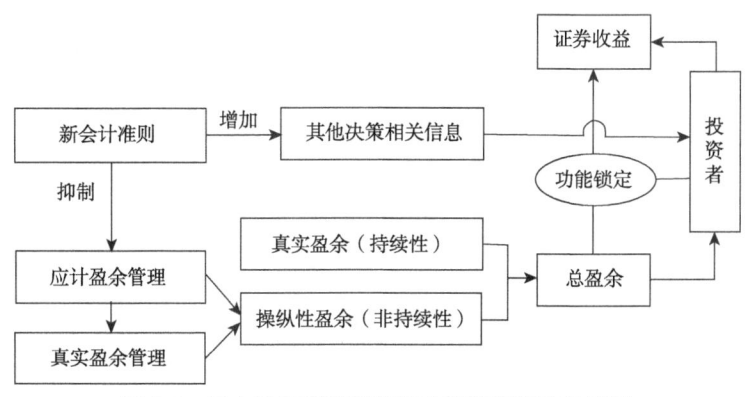

图 5-1 新会计准则变革缓解功能锁定现象作用图

新会计准则从资产减值准备、企业合并等许多方面的规定上抑制了企业的应计盈余管理行为,且真实盈余管理逐渐成为盈余管理的另一渠道,对应计盈余管理的作用效果也能起到补充作用,因此新会计准则对企业盈余管理行为的影响呈现出多样性的特点。一方面,应计盈余管理得到抑制,在企业盈余管理的总体表现形态的占比会有所下降;另一方面,真实盈余管理因其隐蔽性和灵活性得到更多的关注和使用,在企业盈余管理的总体表现形态的占比会大幅上升。以上两个推断,在本书的第四章已经得到了证明。

企业的总盈余可以划分为两部分,即具有一定持续性的真实盈余,以及不具备持续性的操纵性盈余。基于以上情况,企业盈余管理行为的变化会直接影响总盈余的构成。投资者因其认知局限性和普遍具有的非理性群体行为,更多地关注财务会计报告中披露的总盈余,而很少关注盈余的构成,更无法"看穿"总盈余中的操纵部分,因此他们将证券收益功能锁定于总盈余,但这无法反映公司的真实价值,造成了信息的低效率传递和解读,不利于资本市场上合理定价和资源的高效配置。相对于操纵性应计盈余管理,真实盈余管理带来的那部分非持续性盈余更难被投资者识别,因此会计准则变革带来的企业盈余管理构成的变化,将影响资本市场上功能锁定现象的表现,对资本市场信息效率形成的影响也将是会计准则变革的一个重要的经济后果。根据以上分析,提出假设 5-1 及三个子假设。

假设 5-1:我国资本市场存在功能锁定现象,且企业盈余管理越严重,功能锁定现象越明显。

假设 5-1a:应计盈余管理越多,证券收益越正向地反映当期的未预期盈余信息,即证券收益的功能锁定现象越明显。

假设 5-1b:真实盈余管理越多,证券收益越正向地反映当期的未预期盈余信息,即证券收益的功能锁定现象越明显。

假设 5-1c:相对于应计盈余管理,真实盈余管理能够导致更加明显的功能锁定现象。

然而,新会计准则对资本市场信息环境的影响绝不仅限于影响财务会计报告中的盈余构成。新会计准则对信息披露的规定更加详细,要求披露的项目更加丰富和完整,对于公允价值的使用,也在一定程度上提高了盈余信息的价值相关性,改善了信息质量(刘永泽和孙翯,2011)。因此,新会计准则下生成的财务会计报告,应该能够提供更多与投资决策相关的信息,这些信息也将影响投资者对企业的价值判断,促进证券合理定价。

基于以上分析,本书认为,会计准则变革有助于减少我国资本市场存在的功能锁定现象。新财务会计报告带来的增量信息,能够辅助投资者决策,使企业采用两种盈余管理方式进行的盈余"美化"行为给企业带来的边际收益显著下降,当边际收益无法弥补盈余管理行为暴露带来的声誉损失成本时，则有望从根本上减少企业的盈余管理行为，提高财务会计报告的信息含量，改善资本市场信息效率。根据以上分析，提出假设5-2。

假设 5-2：会计准则变革能够在一定程度上改善我国资本市场存在的功能锁定现象。

第二节 研究设计

本节首先考察了 2002~2013 年我国证券市场股票收益在年报公布日前后 10 天的短期市场表现，通过对平均超额收益率的 t 检验，验证我国上市公司年度财务会计报告是否具有信息含量。在获得财务会计报告能够对投资者决策产生影响的证据后，本节继续检验了 2003~2013 年，年报公布日前后 5 天的盈余反应系数的影响因素，并引入交乘项，采用混合效应模型检验前文的两个假设，该研究设计的目的是考察盈余质量对我国资本市场信息效率的影响，并验证会计准则变革在该影响过程中的作用。

一、样本选取

首先，在检验我国上市公司财务会计报告信息含量的研究中，本节选取了 2002~2013 年，共 9409 个样本。样本选取范围是全部 A 股上市公司，对样本做如下处理：①剔除非正常交易的样本；②剔除金融行业上市公司；③剔除交易日不足以估算股票期望收益率的样本；④剔除年报公布日至公布后 5 日内均无交易的样本。在采用混合效应模型检验本章的两个基本假设，即模型(5-1)和模型(5-2)时，采用了 2002~2012 年报数据和次年盈余报告公布日前后窗口期的收益数据作为研究的主要对象，进一步剔除了 2008 年处于金融危机期间的样本及模型中涉及的变量存在缺失的样本。最终样本所在区间为 10 年，共 6633 个样本，包含证监会行业分类标准下的 12 个行业。数据来自国泰安数据库，数据处理和统计分析采用 Stata 11 实现。

二、变量设置

本部分研究的被解释变量为窗口期内证券的累计超额收益率（cumulative abnormal return，CAR），解释变量为上市公司前一年的未预期盈余、衡量分析师盈余预测信息的变量及度量财务会计报告信息质量的盈余管理程度变量、会计准则变革虚拟变量。另外，研究模型还包括影响盈余反应系数的其他控制变量。

（一）窗口期内证券的累计超额收益率

首先采用公司年度财务会计报告披露日[①]前后 10 个交易日，共 21 天的股票日收益数据，计算窗口期超额收益率，检验上市公司财务会计报告的信息对股票收益产生的影响，即盈余的信息含量。在计算个股的超额收益率时，采用市场模型（market model）计算窗口期每日的正常收益率，采用窗口期第一个交易日之前 60 个交易日作为估计期，将估计期内个股日收益率和市场收益率按照模型（5-1）进行回归，估计模型的截距项为 $\hat{a}_0$，系数为 $\hat{a}_1$。

$$R_{i,t} = a_0 + a_1 \text{MR}_{i,t} + e_{i,t} \quad (5\text{-}1)$$

其中，$R_{i,t}$ 为 t 日 i 公司考虑现金红利再投资的日个股回报率；$\text{MR}_{i,t}$ 是 t 日 i 公司所在的市场的全部股票收益率按照总市值加权平均计算的市场日综合收益，$e_{i,t}$ 为残差项。将求出的截距项 $\hat{a}_0$ 和系数 $\hat{a}_1$ 代入模型（5-2），计算个股在窗口期每日的正常收益率 $E(R_{i,t})$，并进一步计算超额收益率，见模型（5-3）。

$$E(R_{i,t}) = \hat{a}_0 + \hat{a}_1 \text{MR}_{i,t} \quad (5\text{-}2)$$

$$\text{AR}_{i,t} = R_{i,t} - E(R_{i,t}) \quad (5\text{-}3)$$

其中，$\text{AR}_{i,t}$ 为 i 公司股票在 t 日的超额收益率，等于实际个股回报率与正常收益率之差。为检验财务会计报告的信息含量，还计算了窗口期（−10,10）每日的平均超额收益率（$\text{AAR}_{i,t}$）：

$$\text{AAR}_{i,t} = \frac{1}{n} \sum_{i=1}^{n} \text{AR}_{i,t} \quad (5\text{-}4)$$

其中，n 为第 t 日的样本公司数目，窗口期累计超额收益率 CAR 为每日超额收益率之和，计算公式如下：

[①] 如果财务会计报告披露当日无交易，就推至窗口期后的第一个交易日作为基准日，最多推至第五日。

$$\mathrm{CAR}_{i,t}^{(d_1,d_2)} = \sum_{d_1}^{d_2} \mathrm{AR}_{i,t} \tag{5-5}$$

其中，d_1 和 d_2 分别为窗口期的起始日和终止日。

（二）未预期盈余

采用幼稚模型求出上市公司期望盈余。会计数字的随机性已经被西方的许多研究所证实，时间序列中随机游走的幼稚模型虽然简单，但很多时候要比其他复杂模型能够更有效地衡量会计收益（赵宇龙，1998）。求出期望盈余后，再采用当期的真实盈余减去期望盈余，得到未预期盈余（UE）。作者选取了度量盈余表现的三种指标，即每股收益（EPS），总资产报酬率（ROA），净资产收益率（ROE）。未预期每股收益作为主检验中的解释变量，未预期总资产报酬率和未预期净资产收益率作为稳健性检验中的替换变量，计算公式如下：

$$\mathrm{UE\_EPS}_{i,t} = \mathrm{EPS}_{i,t} - \mathrm{EPS}_{i,t-1} \tag{5-6}$$

$$\mathrm{UE\_ROA}_{i,t} = \mathrm{ROA}_{i,t} - \mathrm{ROA}_{i,t-1} \tag{5-7}$$

$$\mathrm{UE\_ROE}_{i,t} = \mathrm{ROE}_{i,t} - \mathrm{ROE}_{i,t-1} \tag{5-8}$$

（三）盈余质量度量变量

本章采用盈余管理程度度量财务会计报告的信息质量，将盈余管理分为应计盈余管理和真实盈余管理，分别采用截面琼斯模型计算操纵性应计，采用真实盈余管理三个度量变量对真实盈余管理程度进行衡量。将度量应计盈余管理程度的操纵性应计数值取绝对值得到 DA，并在行业范围内将 DA 排序等分为两组，将操纵性应计绝对值高的组设为 1，低的组设为 0，构建了虚拟变量 $D(\mathrm{DA})$。对真实盈余管理的度量变量（REM）也做了相同的处理，形成了虚拟变量 $D(\mathrm{REM})$。DA 和 REM 均为逆指标。

（四）会计准则变革虚拟变量

根据前文分析，我国企业会计准则变革后，信息披露质量、投资者的信息挖掘和获取渠道及股票价格中的特质信息含量均受到一定程度的影响。因此，根据年份，将会计准则变革事件设置成虚拟变量。2002~2006 年设为 0，2007~2012 年设为 1。

（五）其他控制变量

在模型中还加入了一些其他能够影响盈余反应系数的控制变量，包括公司规模、上市年限、是否亏损的盈余性质虚拟变量、审计质量虚拟变量。还加入了公司治理变量，股权集中度、实际控制人性质，以及风险变量，即财务风险和股票风险 β（Easton and Zmijewski，1989）。Bernard 和 Stober（1989）及 Chambers 和 Penman（1984）的研究表明，投资者对盈余信息的反应受市净率（market-to-book ratio，MB）的影响，因此也引入了市净率作为度量整体风险的控制变量。另外，还控制了影响股票收益的投资价值指标——市盈率来衡量股票的成长性，并引入换手率（Turnover）控制流动性因素。

对 MB、PE、Turnover、FR、Age、OC 这些连续型变量均在行业内排序，并将观测值十等分，再进行如下转换：

$$D(X)_i = \frac{变量X中i的等级}{10} - 0.5 \qquad (5-9)$$

经过转换，这些变量均服从均值为 0，方差为 1 的正态分布，这避免了这些变量存在的极端值问题，特别是市盈率和市净率。

以上变量具体的定义如表 5-1 所示。

表 5-1 主要变量定义

变量类型	变量符号	变量名称	变量定义
被解释变量	CAR	累计超额收益率	盈余公告窗口期内，股票的日超额收益率之和
解释变量	UE	未预期盈余	采用随机游走的幼稚模型计算的公司当年未预期盈余
	Earnings	真实盈余	采用三个指标，分别为每股收益、总资产报酬率和净资产收益率来度量
	CAS	会计准则变革	虚拟变量，会计准则变革前（2002~2006 年）的年份取 0，会计准则变革后（2007~2012 年）取 1
	DA	操纵性应计	由修正的琼斯模型计算的操纵性应计的绝对值，等分为高低两组，高组设为 1，低组为 0
	REM	真实盈余管理	采用 Roychowdhury（2006）和 Cohen 等（2008）计算方法，并取绝对值，等分为高低两组，高组设为 1，低组为 0
控制变量	MB	市净率	年底股票市值与年报公布的净资产之比
	PE	市盈率	股价与每股收益的比值
	Turnover	换手率	上市公司股票日换手率之和
	BETA	证券的系统性风险	采用窗口期第一个交易日之前 60 个交易日作为估计期，利用模型（5-1），计算出系数 a_1
	FR	财务风险	预测的目标年份，上市公司年末资产负债率
	Age	上市年限	上市公司上市年数
	Lnmv	公司规模	上市公司年末总市值的自然对数
	OC	股权集中度	上市公司目标年份前三位大股东持股比例之和
	State	实际控制人性质	实际控制人如果为国家，则取 1，否则取 0

续表

变量类型	变量符号	变量名称	变量定义
控制变量	LossDum	是否亏损	虚拟变量,在预测的目标年份,上市公司净资产收益率为负,则取值为1,否则取0
	AQDum	审计质量	虚拟变量,由中国2012年审计事务所综合评价中排名前四位的事务所进行审计的公司取1,否则取0
	Ind	行业	虚拟变量,按照证监会行业分类标准,除制造业按二级行业编码划分10类外,其余11个行业以一级编码为准,共设置20个行业虚拟变量
	Year	年份	虚拟变量,研究样本为2002~2012年共十年的数据,共设置九个年份虚拟变量

三、模型设定

本章采用了事件研究法和相关分析,研究方法和模型建立在对 Francis 和 Schipper(1999)及 Arunachalam 和 Beck(2002)模型的修正基础之上。

首先,基于盈余反应系数的基本模型,加入当期盈余变量和若干描述上市公司基本面情况的控制变量,并在控制了行业和年份的基础上,考察了我国资本市场上年度财务会计报告的信息含量。盈余反应系数模型在针对盈余的信息含量的研究中被广泛地运用,系数 β 为模型斜率,代表未预期盈余与年报公布窗口期累计超额收益率的相关性,即盈余反应系数。

$$\text{CAR}_{i,j} = \alpha + \beta \text{UE}_{i,j} + \varepsilon_{i,j}, \quad j = 2001, 2002, \cdots, 2012 \quad (5\text{-}10)$$

其中,$\text{CAR}_{i,j}$ 为 i 公司 j 年的财务会计报告在 $j+1$ 年的发布日前后,窗口期(-5,5)的累计超额收益率;$\text{UE}_{i,j}$ 为 j 年财务会计报告中的未预期盈余;$\varepsilon_{i,t}$ 为残差项。

为检验我国资本市场存在基于当期盈余的功能锁定现象,本节首先在以上盈余反应系数的基本模型中加入公司当期盈余账面值作为解释变量,目的是考察窗口期内股票收益率是否功能锁定于个股的当期盈余数字,而忽视盈余报告的增量信息。另外,在该模型中,还控制所有可能影响盈余公告日前后股票收益因素及行业和年份变量。

$$\begin{aligned}\text{CAR}^{(-5,5)}_{i,t} &= \beta_0 + \beta_1 \text{UE}_{i,t} + \beta_2 \text{Earnings}_{i,t} + \beta_3 D(\text{MB})_{i,t} \\&+ \beta_4 D(\text{PE})_{i,t} + \beta_5 D(\text{Turnover})_{i,t} + \beta_6 \text{BETA}_{i,t} + \beta_7 D(\text{FR})_{i,t} \\&+ \beta_8 D(\text{Age})_{i,t} + \beta_9 D(\text{Lnmv})_{i,t} + \beta_{10} \text{State}_{i,t} + \beta_{11} \text{LossDum}_{i,t} \\&+ \beta_{12} \text{AQDum}_{i,t} + \sum_{m=13}^{21} \beta_m \text{Year}_{i,t} + \sum_{n=22}^{41} \beta_n \text{Ind}_{i,t} + \varepsilon_{i,t}\end{aligned} \quad (5\text{-}11)$$

为进一步检验我国会计准则变革对财务会计报告信息含量的影响,在以上模型的基础上，再加入会计准则变革虚拟变量，并与未预期盈余变量构成交乘项。同时，为检验资本市场是否存在基于盈余质量的功能锁定现象，即假设 5-1，将应计盈余管理和真实盈余管理的度量变量分别与未预期盈余相乘，形成两项交乘项，同时引入模型（5-11），考察两种盈余管理方式对盈余反应系数产生的影响，并对两种方式进行比较。从而形成模型（5-12）：

$$\text{CAR}^{(-5,5)}_{i,t} = \gamma_0 + \gamma_1 \text{UE}_{i,t} + \gamma_2 \text{Earnings}_{i,t} + \gamma_3 \text{UE}_{i,t} \times \text{CAS}_t \\ + \gamma_4 \text{UE}_{i,t} \times D(\text{DA})_{i,t} + \gamma_5 \text{UE}_{i,t} \times D(\text{REM})_{i,t} \\ + \sum_{k=6}^{16} \gamma_k \text{control variables}_{i,t} + \sum_{l=17}^{36} \gamma_l \text{Ind}_{i,t} + \delta_{i,t} \quad (5\text{-}12)$$

针对假设 5-2，设计了模型（5-13）和模型（5-14）来检验会计准则变前后，盈余质量与财务会计报告信息含量关系有何变化，旨在考察会计准则变革对功能锁定现象的影响。具体采用了未预期盈余、盈余质量度量变量与会计准则变革三项交乘，来分别考察在新会计准则实施背景下两种盈余管理方式下的功能锁定现象是否存在抑制作用。

$$\text{CAR}^{(-5,5)}_{i,t} = \theta_0 + \theta_1 \text{UE}_{i,t} + \theta_2 \text{Earnings}_{i,t} + \theta_3 \text{UE}_{i,t} \times D(\text{DA})_{i,t} + \theta_4 \text{UE}_{i,t} \times D(\text{DA})_{i,t} \\ \times \text{CAS}_{i,t} + \sum_{p=5}^{15} \theta_p \text{control variables}_{i,t} + \sum_{q=16}^{35} \theta_q \text{Ind}_{i,t} + \upsilon_{i,t} \\ (5\text{-}13)$$

$$\text{CAR}^{(-5,5)}_{i,t} = \omega_0 + \omega_1 \text{UE}_{i,t} + \omega_2 \text{Earnings}_{i,t} + \omega_3 \text{UE}_{i,t} \times D(\text{REM})_{i,t} \\ + \omega_4 \text{UE}_{i,t} \times D(\text{REM})_{i,t} \times \text{CAS}_t + \sum_{p=5}^{15} \omega_p \text{control variables}_{i,t} \quad (5\text{-}14) \\ + \sum_{q=16}^{35} \omega_q \text{Ind}_{i,t} + \sigma_{i,t}$$

第三节　描述性统计与相关性分析

本部分针对本章的主要变量进行了描述性统计分析，并针对数据特点进行了 Spearman 秩相关分析，初步检验变量间的相关关系。另外，还通过对样本所在时间段各年的窗口期平均超额收益率做了 t 检验，并利用混合数据进行了盈余公告效应的回归分析，初步验证了 2001 年《企业会计制度》施行后，我国资本市场上财务会计报告具有一定的信息含量。

一、描述性统计分析

表 5-2 列示了除会计准则变革变量、是否亏损的变量、审计质量变量及实际控制人性质等变量外,其余连续型解释变量和控制变量的标准差、最小值、最大值、均值、中位数及排列在下四分位和上四分位的变量值。从表 5-2 中的数据的特征来看,未预期盈余的每股收益、总资产报酬率和净资产收益率的均值和中位数都接近 0,通过对中位数两侧最大值、最小值及下四分位和上四分位数的观察,可以发现样本公司披露的"好消息"和"坏消息"分布较均匀。从市盈率的描述性统计结果可以看出,我国证券市场股票的市盈率普遍偏高,均值约达 100.498,其原因有多种,如政策、制度、经济发展、社会环境、投资者习惯和文化等。市盈率的最大值已接近 6000,说明我国资本市场在一定程度上存在"泡沫",但仅有约 25%的股票市盈率超过 83,说明绝大部分股票的估值处于相对稳定和合理的范围内。

表 5-2 主要变量的描述性统计结果

变量	标准差	最小值	p25	均值	中位数	p75	最大值
$CAR^{(-5,5)}$	0.096	-0.904	-0.056	-0.006	-0.008	0.041	0.764
UE_EPS	0.347	-4.891	-0.080	0.004	0.006	0.088	4.511
UE_ROA	0.049	-0.623	-0.016	-0.002	-0.001	0.011	0.424
UE_ROE	0.124	-1.596	-0.028	-0.003	0.0003	0.023	2.122
EPS	0.455	-3.110	0.068	0.274	0.191	0.396	12.820
ROA	0.055	-0.620	0.013	0.040	0.033	0.061	0.477
ROE	0.118	-1.538	0.026	0.075	0.069	0.121	1.156
DA	0.191	0	0.047	0.143	0.102	0.183	6.755
REM	0.180	0	0.040	0.141	0.090	0.174	2.981
PE	241.532	4.399	24.125	100.498	40.772	83.000	5903.226
MB	4.326	0	1.832	3.706	2.782	4.453	213
Turnover	1.733	0.012	0.952	2.338	1.788	3.474	11.945
BETA	0.306	-0.345	0.863	1.045	1.047	1.225	2.293
FR	0.178	0.007	0.368	0.487	0.502	0.621	0.973
OC	19.689	0.115	1.234	15.908	5.884	27.373	95.368
Lnmv	1.220	11.377	13.440	14.360	14.306	15.140	20.708

注:p25 为下四分位数,p75 为上四分位数

二、各窗口期平均累计超额收益率分析

本书还依据年份，将上市公司按照盈利和亏损进行分组，并计算了不同窗口期股票的平均累计超额收益率，计算公式如下：

$$\mathrm{CAR}^{(d_1,d_2)} = \frac{1}{n}\sum_{t=d_1}^{d_2}\sum_{i=1}^{n}\mathrm{AR}_{i,t} = \sum_{t=d_1}^{d_2}\mathrm{AAR}_t \qquad (5\text{-}15)$$

各窗口期的平均累计超额收益率见表 5-3。

表 5-3 各窗口期的平均累计超额收益率

年份	盈利情况	样本数	(−20,20)	(−10,10)	(−5,10)	(−5,5)	(−3,3)
2002	亏损	291	**−0.0139**	**−0.0087**	**−0.0078**	**−0.0015**	**−0.0010**
	盈利	229	−0.0330	−0.0231	−0.0166	**0.0162**	−0.0125
2003	亏损	345	0.0332	0.0197	0.0161	0.0130	0.0095
	盈利	287	**0.0255**	**0.0121**	**0.0112**	**0.0048**	**0.0051**
2004	亏损	339	0.0061	**−0.0055**	**−0.0051**	**−0.0080**	**−0.0071**
	盈利	333	**0.0192**	−0.0061	−0.0010	−0.0103	−0.0049
2005	亏损	280	**−0.0114**	**−0.0092**	**−0.0056**	0.0031	**−0.0018**
	盈利	313	**0.0355**	**0.0056**	**0.0004**	−0.0014	−0.0012
2006	亏损	342	0.0507	0.0341	0.0209	0.0158	0.0040
	盈利	315	**0.0277**	**0.0304**	**0.0261**	**0.0204**	**0.0093**
2007	亏损	362	**−0.1859**	**−0.1098**	**−0.0861**	**−0.0630**	**−0.0443**
	盈利	441	−0.1632	−0.0845	−0.0678	−0.0539	−0.0428
2009	亏损	328	**−0.0428**	**−0.0193**	**−0.0167**	**−0.0110**	**−0.0089**
	盈利	387	−0.0125	**0.0063**	**0.0044**	**0.0048**	−0.0020
2010	亏损	307	**−0.0074**	**−0.0035**	**−0.0051**	**−0.0067**	**−0.0084**
	盈利	332	−0.0032	**0.0047**	**0.0016**	**0.0019**	**0.0001**
2011	亏损	307	0.0439	0.0202	0.0104	0.0082	0.0032
	盈利	365	**0.0092**	**0.0010**	−0.0001	**0.0016**	−0.0019
2012	亏损	369	0.0278	0.0071	0.0066	**−0.0019**	**−0.0014**
	盈利	361	**0.0106**	−0.0017	−0.0017	**0.0003**	−0.0008

注：表中加粗部分为符合预期的市场反应结果，即平均累计超额收益率与前一期盈余的符号相同，当期盈余为正的公司，盈余公告日前后的窗口期内股票的超额收益为正；当期盈余为负的公司，盈余公告日前后的窗口期内股票的超额收益为负

由表 5-3 可以看出，在我国资本市场中，投资者对盈余公告给予的评价和判

断存在较大差异。对于盈余的反应普遍集中于盈余公告日之前的五个交易日和公告日之后的五个交易日。尤其是在 2007 年新会计准则实施以后,盈余公告的短期市场反应更加强烈,这初步证明了在新会计准则颁布实施后,我国投资者对于财务会计报告的信息质量表现出一定的信心,对于公司价值的评估更多参考了当期的报告盈余。

三、相关性分析

根据以上对主要变量的描述性统计结果,可以得出变量不服从正态分布的结论,由于变量中包含非连续的虚拟变量会计准则变革,只能采用 Spearman 秩相关分析,表 5-4 列报了 Spearman 秩相关系数。总体来看,CAR 同 EPS、CAS、PE、MB、Turnover、Lnmv 和 State 均存在显著的相关关系,但与 UE 无明显的相关关系。CAS 同 Turnover、Lnmv、OC 三个变量之间的相关系数较高,但相关系数未超过 0.65。另外,OC 与 Lnmv、PE 与 EPS 之间也存在较强的相关关系,前者说明规模较大的上市公司,其股权集中度也相对较高,后者是因为 PE 的构成与 EPS 之间存在天然联系。除此之外,其他变量的相关系数较低,初步排除了多重共线性对回归结果的不利影响。对于相关系数超过 0.65 的两组变量,由于其所代表的经济意义不同,不可互相替代,因此还需要继续作为控制变量进入模型,对于可能存在的多重共线性问题,在之后的回归分析中将计算方差膨胀因子进行进一步检验。

四、我国财务会计报告信息含量的初步检验

本部分研究检验了我国上市公司 2001 年《企业会计制度》颁布之后财务会计报告的信息含量状况。首先,在陈晓等(1999)的研究方法基础上,分年度考察各年窗口期内平均超额收益率是否显著异于零,表 5-5 列示了 2002~2013 年各年年报公告日前后 21 个交易日平均超额收益率 t 检验结果;其次,进行了盈余公告效应的回归分析,主要采用盈余公告中个股的未预期盈余对每日个股超额回报率进行回归,具体模型为

$$AR_{i,t} = a + bUE\_EPS_{i,t} + c_{i,t} \quad (5\text{-}16)$$

表 5-4 主要变量的 Spearman 秩相关分析结果

变量	CAR	CAS	UE	EPS	DA	REM	PE	MB	Turnover	BETA	FR	OC	State	Lnmv	LOSSDum	AQDum
CAR	1															
CAS	-0.055*	1														
UE	0.003	0.178*	1													
EPS	0.034*	0.235*	0.305*	1												
DA	0.026	0.0178	-0.003	0.094*	1											
REM	0.011	0.121*	0.110*	0.219*	0.150*	1										
PE	-0.121*	0.043*	-0.158*	-0.771*	-0.057*	-0.096*	1									
MB	-0.114*	0.389*	0.222*	0.178*	0.069*	0.179*	0.327*	1								
Turnover	-0.078*	0.591*	0.157*	-0.023	0.006	0.030*	0.141*	0.252*	1							
BETA	0.004	-0.032*	-0.047*	-0.076*	0.015	-0.018	0.049*	-0.028*	0.034*	1						
FR	0.023	0.073*	0.078*	0.001	0.036*	0.006	-0.034*	0.022	0.063*	0.042*	1					
OC	0.013	0.645*	0.122*	0.365*	0.033*	0.148*	-0.133*	0.311*	0.126*	0.039*	0.055*	1				
State	-0.029*	-0.109*	0.017	-0.030*	-0.078*	-0.079*	-0.018	-0.148*	-0.080*	-0.023	0.033*	-0.086*	1			
Lnmv	-0.047*	0.622*	0.156*	0.488*	0.012	0.158*	-0.141*	0.431*	0.120*	0.022	0.036*	0.686*	0.006	1		
LOSSDum	-0.004	0.072*	0.142*	0.070*	-0.000	0.141*	0.080*	0.143*	0.017	-0.006	0.035*	0.050*	-0.018	0.133*	1	
AQDum	0.000	-0.033*	0.024	0.125*	-0.026	0.046*	-0.135*	-0.037*	-0.078*	-0.032*	0.000	0.057*	0.089*	0.124*	0.033*	1

注：①限于页面容量，表头个别变量采用了缩写形式；②本表格仅列示了未剔除盈余为 EPS 的情况，限于篇幅，未披露 ROA 和 ROE 的相关系数矩阵，结果无明显差异

*代表 Spearman 秩相关系数在 0.05 的水平上显著

表 5-5 窗口期平均超额收益率 t 检验结果及回归模型 R^2

交易日	2002年	2003年	2004年	2005年	2006年	2007年	2008年	2009年	2010年	2011年	2012年	2013年	R^2
-10	-0.095	-1.552	0.725	-0.098	0.320	1.404	-4.251***	-0.736	-0.769	0.985	1.355	0.118	0.000 104
-9	-0.510	-1.183	-0.053	-1.923*	-0.886	1.394	-5.491***	-1.584	1.255	-2.324**	1.560	1.288	0.000 086
-8	-1.722*	-0.536	0.464	-0.044	1.221	2.408**	-5.225***	-1.296	-1.320	1.995**	2.297**	-0.006	0.000 072
-7	0.918	-2.114**	2.292**	1.448	-0.324	-0.442	-2.414**	-1.274	-0.399	0.553	2.405**	0.255	0.000 063
-6	-1.483	-1.373	0.251	-1.106	0.437	3.053***	-2.465***	-1.655*	1.828*	1.589	1.535	-1.151	0.000 010
-5	-1.597	-0.669	0.382	-0.831	-0.343	4.075***	-3.199***	-1.097	1.006	2.104**	1.695*	-0.830	0.000 185
-4	0.529	-0.585	0.920	-1.617	-0.286	2.611***	-0.473	0.217	0.608	0.385	2.743***	-0.505	0.001 325
-3	0.635	-1.311	1.319	-0.740	-0.043	3.186***	-1.955*	-0.281	1.866*	0.925	2.311**	0.372	0.001 690
-2	1.183	-1.375	2.949***	-2.289**	-0.631	2.734**	-1.106	-0.357	2.559**	3.130***	3.402***	2.435**	0.002 471
-1	0.576	-0.921	-0.433	-1.564	0.884	1.818*	-2.011**	-0.034	-0.399	2.056**	3.550***	3.077***	0.001 265
0	1.690*	-4.475***	-2.139**	-1.897*	-1.878*	-7.725***	-8.762***	-6.369***	-5.781***	-6.686***	-5.953***	-3.453***	0.002 642
1	2.242**	-2.404**	2.636***	-0.835	-0.355	1.472	-8.169***	-4.414***	0.041	-0.579	-0.446	-0.571	0.000 344
2	-0.470	-1.460	2.811***	0.103	1.028	3.056***	-7.911***	-2.129**	0.035	2.191**	0.125	0.398	0.000 549
3	-0.735	-0.617	2.425**	1.732*	1.706*	2.003**	-5.768***	-2.624***	-0.939	-0.716	-0.712	-0.886	0.001 533
4	-0.695	-0.308	1.427	-0.085	1.328	2.177**	-6.208***	-3.826***	3.092***	-1.287	-1.436	1.448	0.000 517
5	-0.617	-1.294	1.216	0.994	0.206	1.184	-4.044***	-1.565	0.130	-0.006	1.206	-1.390	0.000 517
6	1.083	-0.898	-0.386	2.821***	-1.414	2.684***	-4.216***	-1.632	1.342	0.509	-0.692	-0.290	0.000 076
7	1.110	-1.377	3.785***	1.609	-0.952	0.267	-3.650**	-0.670	-0.710	0.726	-1.196	2.629***	0.000 067
8	-0.077	-0.838	0.580	1.298	-0.317	-0.606	-3.805***	-7.415***	-3.168***	-0.273	0.617	1.533	0.000 094
9	-1.049	-0.754	0.631	0.432	0.273	0.445	-2.995***	-2.345**	-0.553	-0.311	0.908	0.405	0.000 057
10	2.140**	-1.773*	2.000*	2.021**	0.388	1.099	-2.909***	-3.433***	-0.238	0.642	1.869*	0.927	0.000 960

注：表格内为平均超额收益异于零的 t 检验得到的 t 值

*, **, *** 分别表示统计检验在 0.1、0.05、0.01 水平上显著

由 t 检验和回归的结果可以发现以下特点：①年报公布当日，股票的平均超额收益率都显著异于零，初步说明我国上市公司财务会计报告披露的盈余信息具有信息含量。具体来看，2007年以后，年报公布带来的股价反应要强于2007年之前。即便2007~2008年我国股市经历了大幅的涨跌冲击，股价对信息表现出异常敏锐的反应，在2009年之后股价波动也表现出强烈的年报公告效应。②窗口期内每日的 R^2 普遍偏低，与国外资本市场研究和陈晓等（1999）的研究存在明显差异，差异的原因一方面可能是我国资本市场信息效率与国外成熟资本市场相比仍然偏低，另一方面可能是上市公司的数量在2002~2013年有较大程度的增加，导致在年报集中公布的几日出现信息过载和冗余，股票价格呈现不规律的波动，同时带来的未预期盈余的信息对股票收益的影响较弱。③在公告日当天，R^2 达到了研究窗口（-10,10）的最大值，说明盈余公告日存在系统性的信息效应[①]。

第四节 会计准则变革对资本市场功能锁定现象的影响研究

本部分首先检验了我国资本市场存在的两种功能锁定现象，一种是基于当期盈余的功能锁定，即验证投资者是否普遍仅关注盈余信息中当期盈余的绝对量，而忽视当期盈余与期望盈余对比形成的增量信息；另一种是基于盈余质量的功能锁定，即投资者的决策普遍围绕盈余的账面数字，很少能发掘出企业盈余管理行为下掩盖的真实盈余。通过以上研究发现，我国资本市场存在这两种功能锁定现象，并且又分为由应计盈余管理行为带来的功能锁定现象和由真实盈余管理行为带来的功能锁定现象，且后者较前者更为明显。另外，在模型中引入会计准则变革变量，考察会计准则变革对功能锁定产生的调节作用，发现会计准则变革确实能够削弱甚至改变基于盈余质量的功能锁定现象。

---

① 陈晓等（1999）也得出了同样的结论，说明无论是《企业会计制度》实施之前还是之后，我国上市公司财务会计报告都同样具有一定的信息含量，验证了财务会计报告信息的有用性。

一、基于当期盈余的功能锁定现象

观察表 5-6 中模型（5-11）的检验结果可以发现，全样本控制了行业和年份变量后，窗口期的 CAR 与当期的 UE 呈显著的负相关关系，而与财务会计报告当期的 EPS 呈显著的正相关关系。具体表现为，通过 EPS 计算的 UE 与窗口期内的 CAR 在 0.05 的水平下呈显著负相关关系，相关系数为–0.010；财务会计报告中每股收益数值与 CAR 在 0.01 的显著性水平下显著正相关，相关系数为 0.008。

表 5-6 会计准则变革对资本市场信息效率的影响检验（EPS）

变量	模型（5-11）	模型（5-12）	模型（5-13）	模型（5-14）
UE_EPS	-0.010^{**} (–2.43)	–0.010 (–1.12)	-0.015^{***} (–2.75)	-0.016^{***} (–2.78)
EPS	0.008^{***} (2.95)	0.007^{**} (2.24)	0.008^{**} (2.43)	0.008^{***} (2.61)
UE_EPS×CAS		-0.018^{*} (–1.94)		
UE_EPS×D（DA）		0.009 (1.21)	0.013 (0.93)	
UE_EPS×D（REM）		0.016^{**} (2.11)		0.050^{***} (3.42)
UE_EPS×D（DA）×CAS			–0.003 (–0.22)	
UE_EPS×D（REM）×CAS				-0.044^{***} (–3.05)
D（MB）	0.039^{***} (6.81)	0.038^{***} (6.77)	0.039^{***} (6.83)	0.038^{***} (6.77)
D（PE）	-0.003^{**} (–2.20)	-0.003^{**} (–1.98)	-0.003^{**} (–2.24)	-0.002^{*} (–1.78)
D（Turnover）	–0.007 (–1.36)	-0.008^{*} (–1.67)	-0.008^{*} (–1.68)	-0.008^{*} (–1.76)
BETA	0.01^{**} (2.16)	0.009^{**} (2.09)	0.009^{**} (2.09)	0.009^{**} (2.08)
D（FR）	-0.008^{*} (–1.84)	-0.008^{*} (–1.67)	-0.008^{*} (–1.78)	-0.008^{*} (–1.68)
D（Age）	0.011^{**} (2.15)	0.009^{*} (1.80)	0.009^{*} (1.80)	0.009^{*} (1.89)
D（Lnmv）	-0.019^{***} (–3.39)	-0.019^{***} (–3.50)	-0.020^{***} (–3.54)	-0.020^{***} (–3.55)

续表

变量	模型（5-11）	模型（5-12）	模型（5-13）	模型（5-14）
$D(OC)$	0.030*** (4.18)	0.023*** (4.51)	0.023*** (4.61)	0.023*** (4.50)
State	−0.007*** (−2.61)	−0.006** (−2.48)	−0.006** (−2.45)	−0.006** (−2.49)
LossDum	0.004 (1.48)	0.004 (1.52)	0.004 (0.150)	0.004 (1.41)
AQDum	−0.001 (−0.18)	−0.0001 (−0.01)	−0.0001 (−0.01)	−0.0002 (−0.04)
常数项	1.721 (1.48)	−0.014** (−2.06)	−0.014** (−2.05)	−0.014** (−2.07)
Year	控制			
Industry	控制	控制	控制	控制
F	4.92***	4.97***	4.82***	5.16***
R^2	0.0276	0.0289	0.0278	0.0298

注：①表中括号内的数字表示经过 White 异方差修正的稳健标准误计算的 t 值；②为检验变量之间是否存在多重共线性问题，对各模型回归后还计算了各变量的方差膨胀因子，最大值为 3.48、6.27、5.81、8.24，未超过 10，均值分别为 1.75、1.93、1.90、2.04，表明不存在多重共线性，限于篇幅，本表中未披露；③由于模型中包含的会计准则变革虚拟变量与年份有密切联系，为了避免多重共线性，模型（5-12）~模型（5-14）并未控制年份差异

*、**、***分别表示统计检验在 0.1、0.05、0.01 水平上显著

该检验结果说明，我国资本市场上的投资者在公司发布盈余公告时，普遍关注一个行业或一个相对固定的投资组合中当期盈余较高的公司，并给予此类公司更高的估值，而很少关注财务会计报告中包含的当期盈余同期望盈余相比形成的增量信息。因此，存在报表中基于当期盈余的功能锁定现象，即投资者决策锁定于当期盈余信息，而忽视盈余的动态表现。这表明投资者对上市公司的成长性关注不够，很难发现那些当期盈余账面值相对弱势，但成长速度快、未来期望收益高的公司。同时，也不利于一些处于成长期的优秀上市公司获得合理的估值。因此，基于当期盈余的功能锁定将导致证券的错误定价及资本市场较低的资源配置效率。

二、基于盈余质量的功能锁定现象

表 5-6 中模型（5-12）的回归结果显示：在加入 CAS、$D(DA)$ 及 $D(REM)$ 后，UE_EPS 的系数不再显著；交乘项 UE_EPS×CAS 的系数为−0.018，并在 0.1 的水平下显著，这说明在会计准则变革后，基于当期盈余的功能锁定现象更加明显。

观察盈余质量度量变量与未预期盈余的交乘项系数可知，UE_EPS×D（DA）和 UE_EPS×D（REM）的系数均为正，且 UE_EPS×D（REM）的系数在 0.05 的水平上显著，即真实盈余管理程度低的上市公司，窗口期内的股票收益未能充分反映未预期盈余的信息，而对于信息质量较差，即真实盈余管理程度较高的上市公司，在盈余公告日附近的股票价格调整却能够反映未预期盈余的信息。此种现象说明，盈余质量差的公司，其通过真实盈余管理创造的盈余增量能够影响投资者对其未来收益的期望，从而带来相应的股价调整。这也说明，我国资本市场上的投资者普遍无法"看穿"财务会计报告中的盈余信息，特别是对于真实盈余管理程度较高的公司，因真实盈余管理更具隐蔽性，所以投资者并不能识别其盈余中的非持续部分，从而带来基于盈余质量的功能锁定现象，即较低的信息效率和错误的股票定价。基于此假设 5-1 和假设 5-1b 得证。

另外，UE_EPS×D（DA）的系数为 0.009，且不显著，说明应计盈余管理的公司并未显现出严重的功能锁定现象，以上结果说明，相对于操纵性应计盈余管理，真实盈余管理带来的那部分非持续性盈余更难被投资者识别，真实盈余管理才是导致我国资本市场存在功能锁定现象的重要原因，即假设 5-1c 得证。

三、会计准则变革对功能锁定的影响

在表 5-6 中，模型（5-13）和模型（5-14）的回归结果显示，在控制了其他因素后，UE_EPS 的系数与模型（5-11）相似，仍然显著为负；盈余的账面信息，即当期每股收益与窗口期内累计超额收益率呈显著正相关关系。在模型（5-12）的基础上，将 CAS 作为调节变量，分别在模型（5-13）和模型（5-14）中考察两种盈余管理方式下，会计准则变革对信息质量和盈余反应系数关系的影响。回归结果分别反映了会计准则变革对资本市场功能锁定现象的影响：①UE_EPS×D（DA）和 UE_EPS×D（DA）×CAS 的系数分别为 0.013、–0.003，但均不显著，二者的符号相反在一定程度上说明会计准则变革后，基于应计盈余管理的功能锁定现象有所削弱；②UE_EPS×D（REM）和 UE_EPS×D（REM）×CAS 的系数分别为 0.050 和–0.044，符号相反且均在 0.01 的水平下显著相关，这说明会计准则变革后，企业基于真实盈余管理的功能锁定现象得到抑制。虽然真实盈余管理程度高的上市公司，其盈余反应系数仍然高，但后者对前者变化表现出的敏感性已经显著降低，即投资者已不再对那些盈余质量较差公司当期的财务信息表现出较强的反应，不会在企业"内部人"的盈余欺瞒行为下，根据质量较低的盈余数字调整股票投资决策。

第五节 稳健性检验

为确保实证结论的稳健性,本节还进行了以下两项稳健性检验,结果并未对本章的主要结论造成影响。

一、替换解释变量

财务会计报告中衡量盈余绝对量和未预期盈余的财务指标分别为 ROA 和 ROE,代替 EPS,四个模型的检验结果见表 5-7 和表 5-8。由于控制变量的回归结果与表5-6相近,限于篇幅,未披露控制变量的系数、显著性水平等相关结果。

表 5-7　会计准则变革对资本市场信息效率的影响检验（ROA）

变量	模型（5-11）	模型（5-12）	模型（5-13）	模型（5-14）
UE_ROA	-0.700^{**} （-2.43）	-0.101^{*} （-1.80）	-0.094^{***} （-3.06）	-0.056^{*} （-1.83）
ROA	0.131^{***} （3.65）	0.124^{***} （3.48）	0.130^{***} （3.61）	0.136^{***} （3.75）
UE_ROA×CAS		-0.118^{**} （-2.08）		
UE_ROA×D（DA）		0.121^{**} （2.26）	0.138 （1.01）	
UE_ROA×D（REM）		0.069 （1.27）		0.465^{***} （3.31）
UE_ROA×D（DA）×CAS			0.087 （0.54）	
UE_ROA×D（REM）×CAS				-0.547^{***} （-3.08）
control variables	控制	控制	控制	控制
常数项	1.396	-0.019^{**}	-0.019^{***}	-0.019^{**}
Year	控制			
Ind	控制	控制	控制	控制
F	4.87^{***}	5.10^{***}	4.97^{***}	5.02^{***}
R^2	0.0287	0.0305	0.0295	0.0303

注:①表中括号内的数字表示经过 White 异方差修正的稳健标准误计算的 t 值;②由于模型中包含的会计准则变革虚拟变量与年份有密切联系,为了避免多重共线性,模型（5-12）~模型（5-14）并未控制年份差异

*、**、*** 分别表示统计检验在 0.1、0.05、0.01 水平上显著

表 5-8　会计准则变革对资本市场信息效率的影响检验（ROE）

变量	模型（5-11）	模型（5-12）	模型（5-13）	模型（5-14）
UE_ROE	-0.035*** (-2.88)	-0.035 (-1.51)	-0.055*** (-3.38)	-0.042*** (-2.82)
ROE	0.066*** (3.45)	0.061*** (3.24)	0.064*** (3.33)	0.067*** (3.44)
UE_ROE×CAS		-0.041* (-1.67)		
UE_ROE×D(DA)		0.032* (1.77)	0.035 (1.18)	
UE_ROE×D(REM)		0.021 (0.93)		0.075* (1.88)
UE_ROE×D(DA)×CAS			-0.001 (-0.04)	
UE_ROE×D(REM)×CAS				-0.079* (-1.88)
control variables	控制	控制	控制	控制
常数项	1.396	-0.017**	-0.018**	-0.018**
Year	控制			
Ind	控制	控制	控制	控制
F	4.87***	4.91***	4.84***	4.88***
R^2	0.0289	0.0298	0.0292	0.0299

注：①表中括号内的数字表示经过 White 异方差修正的稳健标准误计算的 t 值；②由于模型中包含的会计准则变革虚拟变量与年份有密切联系，为了避免多重共线性，模型（5-12）~模型（5-14）并未控制年份差异

*、**、***分别表示统计检验在 0.1、0.05、0.01 水平上显著

表 5-7 和表 5-8 的检验结果显示，替换了盈余的度量指标，实证检验的结果没有发生明显的改变，存在的差异有以下两个方面：①关于模型（5-14）中交乘项的结果，在以 ROA 为盈余度量变量时，UE_ROA×D（REM）和 UE_ROA×D（REM）×CAS 的系数分别为 0.465 和-0.547；在以 ROE 为盈余度量变量时，UE_ROE×D（REM）和 UE_ROE×D（REM）×CAS 的系数分别为 0.075 和-0.079，且均在 0.1 的水平下显著。这与前文采用 EPS 为盈余度量变量的模型结果略有不同，后者的绝对值均大于前者，这说明会计准则改变了盈余质量与盈余反应系数的关系。在会计准则变革前，盈余质量越差的公司，其盈余反应系数越高，呈现出严重的功能锁定现象；而会计准则变革后，盈余质量越差的公司，其盈余反应系数越低，功能锁定现象得到很好的抑制，资本市场信息效率提升。②关于模型（5-12）中的交乘项结果，操纵性应计和真实盈余管理分别与未预期盈余的交乘项系数并未支持假设 5-1c，UE_ROA×D（DA）和 UE_ROE×D（DA）的系数分别为 0.121、0.032，且均显著为正，而 UE_ROA×D（REM）和 UE_ROE×D

（REM）虽为正，但不显著。这说明应计盈余管理下，盈余质量越差的上市公司，盈余反应系数越高，而真实盈余管理却未表现出这种特征，此结果说明，当以 ROA 和 ROE 为盈余度量变量时，应计盈余管理表现出的功能锁定现象要更加严重。

就以上两点差异来说，并未影响本章的主要论点的论证，本节的稳健性检验能够支持前文的实证结论。

二、改变控制变量的度量方式

前文中对连续型控制变量采取了分级赋值的方式，将变量 MB、PE、Turnover、FR、Age、OC 排序并进行十等分和标准化处理。在稳健性测试里，将这些连续型变量取原值，并对存在异常值的市盈率和市净率进行双侧 5‰的缩尾处理。实证结果并未发生改变，限于篇幅，该稳健性测试的结果未予以列示。

第六节 本章小结

本章以 2007 年《企业会计准则》实施后上市公司的信息披露行为和市场反应为研究对象，考察了我国资本市场的基于当期盈余和基于盈余质量的功能锁定现象，检验了 2007 年会计准则变革后这两种功能锁定现象是削弱还是抑制，从而分析资本市场信息效率是否得到提升及是否促进了资本合理配置，研究结论由以下四方面构成。①2001 年《企业会计制度》实施后，我国上市公司的财务会计报告确实具有信息含量，包含决策有用信息，能够影响资本市场投资者的定价决策。②利用年度财务会计报告中的盈余信息进行决策时，确实存在较严重的功能锁定现象。具体表现为：投资者无法识别财务会计报告中包含的增量信息，更加注重当期盈余的绝对量；对于盈余质量差的上市公司来说，投资者无法"看穿"盈余的真实情况，仅根据账面盈余的信息进行投资决策。这两种股票定价决策中的功能锁定都将带来股票的错误定价，从而降低资本市场的资源配置效率。③基于盈余质量的功能锁定现象在 2007 年《企业会计准则》实施前后存在显著差异，即会计准则变革通过改善资本市场的信息环境，在一定程度上降低了投资者功能锁定的程度，减少了股票市场的错误定价。④相对于机构持股比例低的上市公司，机构持股比例高的公司在会计准则变革前后，应计盈余管理和真实盈余管理的功能锁定问题都得到更好地抑制。

另外，本章的内容还给我们一些重要启示：首先，我国资本市场上财务会计报告信息具有信息含量，说明投资者会参考上市公司的定期财务会计报告来调整自身的投资决策，这也意味着财务会计报告信息披露质量的提升，能够显著影响我国资本市场的信息环境，提高股票的定价效率。

同时，盈余反应系数显著为正不意味着资本市场的信息效率就越高，利用盈余管理实现的收益增值给予较高的市场估值本身反映了资本市场对信息处理的低效率。同样地，盈余反应系数显著为负也不意味着资本市场的信息效率就低，一些公司当期盈余增量较低甚至为负，但其披露的信息真实可靠，盈余不包含"水分"，提高此类公司的估值反而体现了资本市场对该类公司的认可和对其未来成长性的肯定。因此，对盈余反应系数与资本市场信息效率的关系的讨论，要设置在财务会计报告信息披露质量和投资者认知局限两个因素作用的框架下。当前国内研究普遍将盈余反应系数作为衡量信息披露质量的一个代理变量且应用于相关研究中，但这种替代既不准确也不符合实际情况。

会计准则变革前，盈余质量差的上市公司，反而有较高的盈余反应系数，这说明对于那些采用应计盈余和真实盈余管理手段操纵了盈余的上市公司，其账面盈余反映的信息真实地触发了股票价格的同步调整。投资者在具体决策时表现出对盈余真实性的认知局限。2007年以后，此种基于盈余质量的功能锁定问题得到缓解，表现为盈余质量与盈余反应系数呈正相关关系，真实盈余管理程度越高的公司，盈余反应系数越低。这也说明那些从事真实盈余管理的上市公司并没有如预想的那样"愚弄"了广大投资者，即投资者不再关心，或不再相信这类公司提供的信息。这种变化不仅意味着资本市场信息效率的提升，而且在一定程度上降低了企业进行盈余管理的"外部激励"，使管理者在进行盈余管理的"成本-效益"权衡时，能因盈余管理收益小于盈余管理暴露带来的法律诉讼、声誉损失而放弃从事盈余管理。

本章的结论还反向揭示了一个重要问题，即会计准则变革能改善资本市场的信息环境，通过提供增量信息使投资者定价决策更趋于正确和理性，因此提升企业财务会计报告的质量就能带来更高的盈余反应系数，使企业的真实盈余通过投资者对信息的理解和决策判断引导股票价格更加贴近公司的市场价值。投资者的异质性也促使信息传递过程中的效率高低有所不同。会计准则变革要想深层次、全面、大幅地提高资本市场整体的信息效率，需要投资者普遍提升专业知识储备，逐渐具备科学决策判断的技能。因此，2007年以来，我国证券市场基于盈余质量的功能锁定现象得到一定的抑制，也将逐渐削弱上市公司管理者进行盈余管理的动机，使新会计准则得到更好地执行，这种良好的趋势已经产生，只是需要更长的时间才能产生预期效果。

  由此可见，会计准则变革能够带来资本市场信息环境的整体改善，如果新会计准则得到良好地执行，我国资本市场的信息效率无疑会产生质的飞跃和提高，因此，从弱化盈余管理动机的角度和社会监管的角度抑制企业的盈余管理行为就成为改善会计准则执行效果的重要途径，也将间接带来资本配置效率的提升。

第六章　会计准则变革与股价中特质信息含量

本章主要解决以下三个问题：①会计准则变革后，证券分析师的盈余预测包含的特质信息发生显著变化，信息媒介的功能没有充分发挥，信息传递效率较低。②会计准则变革后，投资者更加关注财务会计报告提供的信息，于是公司特质信息逐渐替代市场噪声且成为股价波动的主要驱动力。在实证结果上表现为股价同步性负向反映股票市场信息效率。③在前面两个现象综合作用下，验证了会计准则变革对股票价格中包含的公司特质信息含量产生了显著的影响，即会计准则变革后，股票价格总体上表现出更强的同步波动性，降低了资本市场信息效率。在实证方法上采用了 Mann-Whitney U 检验、非平衡面板数据的混合效应模型和个体固定效应模型。在稳健性检验中，采用双向固定效应模型（two-way fixed effects model）、面板数据的固定效应等方法对模型进行再检验，确保研究结论的稳健。

第一节　理论发展与假设提出

资本配置效率高的市场要求股票价格中包含更多的公司特质信息，市场上的投资者通过决策形成合理定价，将有限的资源配置给高效率的主体，而淘汰低效率的主体。企业通过财务会计报告向资本市场上的投资者、债权人等信息使用者传递企业财务状况、经营成果及其他决策有用信息。财务会计报告中信息披露的质量和信息使用者准确、合理的解读将成为决定股票价格的关键因素。因此，信息披露和信息解读两方面因素共同的作用影响了股票价格中的公司特质信息，进而决定了资源配置效率和市场发展。

2006年我国出台的《企业会计准则》是近20年最大的一次会计准则变革,影响也最为深远。会计准则的国际趋同使信息披露的质量和数量都发生了巨大变化。财务会计报告的信息披露情况是会计制度规定和管理者实施针对财务数据的管理决策共同作用的结果。因此,会计准则变革后,我国财务会计报告信息披露必将具有新的特征。

在我国证券市场发展的初期(1998年以前),个人投资者主要为市场参与者,他们的财务知识匮乏、信息获取渠道闭塞,主要参考证券分析师预测和股评人推荐进行股票投资,因此股票价格中包含较多的证券分析师提供的预测信息。随着机构投资者市场占有率的不断扩大,以及中小投资者信息获取和决策方式日趋增多,越来越多的投资者可以对财务信息进行理性分析和做出科学投资决策,股票价格中则必然包含更多机构和个人挖掘的私有信息。在资本市场发展和进化的过程中,制度变革往往会加速或者阻碍该进程。会计准则变革作为颠覆信息披露方式和内容的一项重要举措,能够从以下两个方面对投资者决策,乃至股票价格中包含的特质信息产生影响(图6-1)。

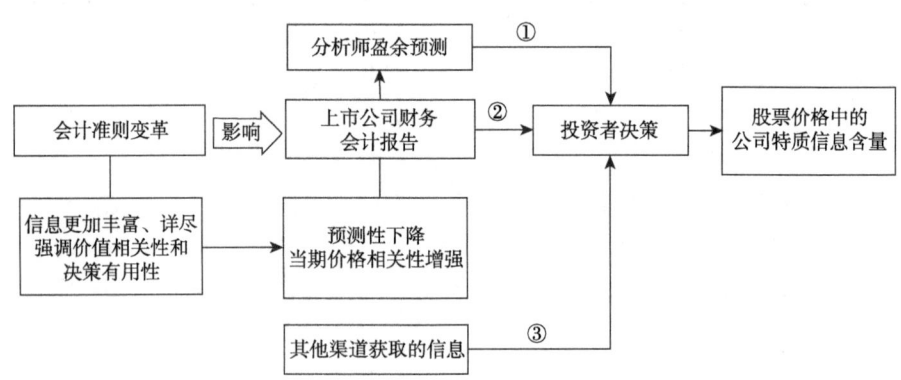

图6-1 会计准则变革影响股价中特质信息含量的路径图
图中①②③为影响路径

首先,会计准则变革带来的信息披露质量的改变能影响分析师盈余预测,进而影响参考分析师盈余预测报告进行投资决策的机构和个人对公司未来价值的理解。

分析师作为财务会计报告的专业和理性的解读者,能够利用财务知识和分析能力对企业对外报送的财务会计报告进行解读。分析师盈利预测的准确性,以及其中包含的公司特质信息含量,很大程度取决于财务会计报告的信息披露质量[①]。

[①] 不可否认,证券分析师对外公布的盈余预测结果通常也受其动机的影响,并且盈余预测往往也参考从其他渠道获取的市场、行业及公司信息。但分析师采用的盈余预测模型的核心数据均来自企业过去一年或几年的财务会计报告,因此财务会计报告信息披露质量始终是影响分析师预测结果的最重要因素。

会计准则变革前，中小投资者普遍将分析师盈余预测作为一种成本较低、相对可靠的信息获取渠道，见图6-1中路径①。

《企业会计准则》不仅引入公允价值计量，使未来盈余更加难以预测，更重要的是，管理者盈余管理行为还出现了新的特征，真实盈余管理的大量增加使分析师盈余预测的结果准确性显著下降。每年财务会计报告披露后，投资者根据对分析师预测偏误的观察，修正对企业价值的评估结果，调整投资决策，同时对分析师盈余预测信息形成新的认识。Kadous等（2009）发现分析师盈余预测的准确性将影响投资者对其抱有的信任。当投资者意识到分析师盈余预测传递的信息中，公司特质信息含量和准确性已不足以支持其完成套利时，他们可能更加理性、客观地看待分析师盈余预测信息，更加关注其反映的行业和市场层面的平均风险。因此，鉴于本书第四章论证了会计准则变革后，分析师盈余预测的准确性显著下降，可以推断会计准则变革后分析师信息媒介的功能没有有效发挥，使信息传递效率较低。

另外，鉴于分析师对行业层面及市场层面的信息具有很强的获取和解读能力（Piotroski and Roulstone，2004），他们的分析报告中往往包含大量的行业及市场层面信息。因此，会计准则变革后，由于投资者对分析师盈利预测的谨慎参考，更多分析师跟进的企业，其股票价格中的行业及市场层面的信息也将更多。据此提出假设6-1及两个子假设。

假设6-1：会计准则变革后，证券分析师的盈余预测包含的特质信息发生显著变化。

假设6-1a：会计准则变革前，一家上市公司的分析师盈余预测信息越丰富，则股票价格中的公司特质信息越多，股价同步性越低。

假设6-1b：会计准则变革后，一家上市公司的分析师盈余预测信息越丰富，则股票价格中的行业和市场层面信息越多，股价同步性越高。

其次，会计准则变革带来的信息披露质量的改变能直接影响信息使用者从财务会计报告中挖掘的公司特质信息。

会计准则变革前，由于会计准则对信息披露规范尚不够完善，投资者对财务会计报告的信心不足，针对信息质量差的公司，就会存在更多的信息挖掘行为和噪声交易，从而使股价同步性更低，即信息质量（逆指标）与股价同步性呈负相关关系。

而会计准则变革后，制度建设在维护中小投资者利益方面发挥了重要作用。《企业会计准则》要求财务报表附注中披露的项目越来越丰富，信息越来越详尽。例如，在基本报表中增设所有者权益变动表，突出反映资本保值增值情况；扩大了分部报告和关联方信息的披露范围，要求提供更多、更加详细的信息等。这些要求使财务会计报告包含更多的决策有用信息，也提高了信息的透明度，因此采用 IFRS 有望全面提升公司特质信息的数量和质量（Kim and Shi, 2012）。会计准则变革使资本市场的投资者对财务会计报告信息质量、透明度、可理解性等全面改善有良好预期。财务会计报告信息的获取成本低廉也使投资者有更大的动力主动提高自身财务知识，更多参考财务会计报告，挖掘其中的公司特质信息，为自身决策服务，见图 6-1 中的路径②。

同时，财务会计报告的可理解性和决策有用性进一步增强，也将减少资本市场上的噪声交易。因此，会计准则变革后，预计信息质量与股价同步性之间的正相关关系会减弱，甚至逆转为财务会计报告的信息质量越高，股价同步性越低，即出现与西方发达国家市场相似的现象。在此情况下，市场投资趋于理性，投资者更多地针对财务会计报告信息进行理性分析和价值预测，会计准则变革影响下的信息披露质量的进一步改善也将使股票价格中包含更多的公司特质信息，提高财务会计报告的信息质量，有利于促进资本市场资源优化配置。

据此，提出假设 6-2 及两个子假设。

假设 6-2：会计准则变革后，上市公司财务会计报告的信息质量与股票价格中包含的公司特质信息含量之间的关系发生显著改变。

假设 6-2a：会计准则变革前，财务会计报告的信息质量越低，股价同步性越低。

假设 6-2b：会计准则变革后，财务会计报告的信息质量与股价同步性的正相关关系将减弱或发生逆转。

综合假设 6-1 和假设 6-2，作者认为，会计准则变革后，由于投资者对于私有信息的获取渠道的重心及决策习惯发生了改变，我国资本市场上股票价格中的公司特有信息含量也将发生显著变化。因此，提出假设 6-3。

假设 6-3：会计准则变革显著影响了股票价格中的公司特质信息含量。

第二节 研 究 设 计

首先，考察我国证券市场从成立至 2012 年，股票价格中包含的公司特质信息含量的变动趋势，以分析制度变革在资本市场信息效率改进过程中产生的影响。其次，检验会计准则变革前后股票价格的信息含量有何变化；进一步采用混合效应模型和固定效应模型检验会计准则变革的调节作用，考察会计准则变革前后，投资者获取公司特质信息的主要渠道是否发生变化及对信息的分析和使用效果是否发生了改变。研究设计的目的是发现会计准则变革前后，影响股票价格中公司特质信息含量的核心因素，明确新会计准则实施对股票长期定价效率的影响，提出改善资本市场信息效率的有效方法。

一、样本选取

本章首先选取 1991~2012 年沪深两市全部 A 股上市公司为研究对象，研究时间的起止点是 1991 年 6 月 1 日和 2013 年 5 月 31 日，一个会计年度的界定是从当年的年报披露后第一周到第二年年报披露前一周。在计算前对数据做如下处理：①去除公司上市日后 30 个交易日内的数据；②去除年交易周数少于 30 周的样本；③去除金融类上市公司；④去除个股周收益率缺失的数据。

最终形成时间跨度为 22 年，包含 21 947 个观测样本的非平衡面板数据，基于这些数据计算了股价同步性指标 R^2，进行了时间序列数据的描述性分析。进一步的回归检验中，基于变量数据的完整性考虑，选择了 2002~2012 年共 10 年①的 10 953 个样本，包含证监会行业分类标准下的 12 个行业。数据来自 Wind 金融数据库、国泰安数据库，数据处理和统计分析采用 Stata 11 实现。

二、变量设置

被解释变量为股票价格的特质信息含量，解释变量为会计准则变革虚拟变量、衡量分析师盈余预测信息的变量及度量财务会计报告信息质量的盈余管理程度变量。另外，研究模型还包括影响特质信息含量的其他控制变量。

（一）股价同步性

现有研究通常以每年、每一家上市公司的股价同步性水平度量进入股价中的公司特质信息含量。Roll（1988）认为股价中无法被市场信息解释的部分，就反映了公司特质信息的含量，借鉴 Roll 的思路，Morck 等（2000）最先采用模型（6-1）的拟合优度 R^2 度量股价同步性。具体原理是用固定时间段内市场回报率对个股回报率进行回归，R^2 为股价中市场信息可以解释的百分比，反映了个股收益随市场收益变动的情况，也称作股价的同步性指标。

$$\text{Ret}_{i,t} = \alpha + \beta_1 \text{Ret}\_\text{m}_t + \varepsilon_{i,t} \quad (6\text{-}1)$$

---

① 鉴于金融危机对分析师预测偏误形成的巨大影响可能干扰检验结果的可靠性，剔除了 2008 年数据。

其中，$Ret_{i,t}$ 为考虑现金红利再投资的周个股收益；Ret_m_t 为 i 公司所在市场[①]上所有上市公司流通市值加权的收益率。Durnev 等（2003，2004）在模型（6-1）的基础上引入了行业收益率变量，同时考察了个股收益与市场收益、个股收益与行业收益之间同步变动的情况。在此基础上计算出的同步性水平，更加严格地定义了股票价格中包含的公司的特质信息是剔除了行业同质信息后的公司特质信息。与游家兴（2008）、许年行等（2011）的方法相同，本章也是采用模型（6-2）来计算股价同步性。

$$Ret_{i,t} = \alpha + \beta_1 Ret\_m_t + \beta_2 Ret\_ind_{i,t} + \varepsilon_{i,t} \quad (6-2)$$

其中，$Ret\_ind_{i,t}$ 为 i 公司所在行业在 t 周的周收益率，具体计算方法为分行业、周份、市场类型，按照该行业内所有上市公司个股总市值对个股收益进行加权平均。模型（6-2）的拟合优度 R^2 度量的是市场收益率对 i 公司股票周收益率变动解释的百分比，或者可以写成

$$R^2 = \left(\frac{Cov(R_i, R_m)}{\sigma_i \sigma_m} \right)^2 \quad (6-3)$$

其中，$Cov(R_i, R_m)$ 为个股收益率和股票市场收益率的协方差；σ_i 和 σ_m 分别为 i 公司股票收益率和整个市场收益率的标准差。R^2 越高，则意味着股票价格同步变动的程度越强，R^2 越低，则意味着股票价格同步变动的程度越弱。由于此种方法计算出的 R^2 取值在 0~1，不符合用 OLS 进行回归计算的基本要求，因此，本书参照 Morck 等（2000）等的做法，将 R^2 进行对数转换处理

$$Syn = \log\left(\frac{R^2}{1-R^2} \right) \quad (6-4)$$

其中，Syn 为本书所采用的股价同步性度量变量。

（二）会计准则变革

根据前文分析，我国企业会计准则变革以后，盈余管理的方式可能发生改变，分析师预测的准确性也可能降低，因此作者根据年份，将会计准则变革事件设置成虚拟变量。考虑分析师预测所依据的年报必须为 2~3 年，这样要将时间节点的划分推后两年，再剔除 2008 年金融危机时期的数据，因此 1991~2008 年设为 0，2009~2012 年设为 1。

本章首先考察会计准则变革对股票价格中的公司特质信息含量产生的影响；再将新会计准则的实施作为调节变量，检验会计准则变革前后投资者的信息挖掘行为和获取渠道有何改变，即分析师的信息收集行为和财务会计报告的信息质量

[①] 计算时，采用了上市公司所处的市场——沪市或深市的市场综合收益数据。

与股价同步性的相关关系是否发生改变。

（三）分析师跟进

Piotroski 和 Roulstone（2004）认为分析师作为外部人，他们很少接触到公司层面的私有信息，但是却对行业层面及市场层面的信息具有很强的获取和解读能力。分析师通过识别一个行业中所有企业的新信息，能够使该信息反映在股价上，并波及该行业所有企业的股票价格。因此，分析师跟进只能够增加股票价格中的行业层面和市场层面的信息，从而使股价同步性更高。Chan 和 Hameed（2006）也发现有更多分析师跟进的企业的股价中包含更多的市场层面的信息和更少的公司层面的特质信息，跟进的分析师越多，股价同步性越高。

国内研究者则肯定了我国证券分析师在提高资本市场运行效率方面发挥的重要作用。朱红军等（2007）采用跟进一家公司的分析师人数作为分析师行为的表征变量，发现分析师的信息收集行为使股票价格中包含更多公司层面的有效信息，从而降低了股价同步性，而不是因为分析师制造的"噪声"致使股价反映了不真实信息。

本书采用公司年报发出之前的 360 天内，对上市公司进行盈余预测的分析师数量的自然对数（Francis et al., 2005; Kim and Shi, 2012）来度量分析师进行盈余预测挖掘到的信息。基于现有研究，分析师的信息挖掘行为是否能带来更多公司特质信息，其结论尚不确定。

（四）财务会计报告的信息质量

游家兴等（2007b）验证了中国证券市场的制度建设能减弱股价同步性，提高股价对公司特质信息的反映程度。金智（2010）也认为，会计制度的变革提高了会计信息的可理解性，降低了会计信息质量对股价同步性的影响，如能对信息质量辅以有力监管，我国资本市场效率就能真正提升。更多的研究均从改善信息披露质量的角度论证了施行 IFRS 对股票价格中特质信息含量产生的影响，如 Kim 和 Shi（2012）、Loureiro 和 Taboada（2011），他们认为，信息质量越高的公司，其财务会计报告中包含的公司特质信息越丰富，投资者也更容易理解，获取成本也更低。基于以上分析，信息质量与股价同步性预计呈正相关关系。然而，财务会计报告的信息质量与股价中特质信息含量还可能存在相反的关系，如 Dasgupta 和 Prat（2008）就认为，财务会计报告越不透明、信息质量越差，市场噪声越严重，并带来股价剧烈波动和更低的股价同步性水平。王亚平等（2009）也发现信息透明度与股价同步性呈正相关关系，并认为股价同步性能正向反映资本市场信息效率。因此，信息质量与股价同步性之间关系不确定。

本章采用 Hutton 和 Stocken（2009）的方法，用盈余管理程度度量财务会计报告的信息质量，具体将盈余管理分为应计盈余管理和真实盈余管理，采用截面琼斯模型计算操纵性应计，采用真实盈余管理三个变量度量真实盈余管理程度，并将两个指标合成盈余质量变量[①]［合成方法见式（6-5）］。

$$DQ = |DA| + |REM| \tag{6-5}$$

（五）机构投资者持股比例及持股变动率

与外部中小股东相比，市场上能够获知更多公司内部信息的三大知情者分别为公司的内部人、机构投资者和证券分析师。机构投资者通过其长时间的买入和卖出股票的交易行为，使自己的角色介于内部人和分析师之间（Bushee，1998）。

近年来，为改善资本市场上 A 股的持股结构，提高市场效率，我国证监会一直积极致力于协调和推动机构资金入市。机构投资者持股不仅能够对企业起到监督和制衡作用，而且其对企业内部信息的获取渠道也更加直接。以往的研究也普遍证明了机构投资者能够影响公司的信息环境（Collins et al., 2003），其股票持有行为也将向市场传递更多的公司特质信息。机构投资者持有的股票越多，越能够对公司形成有力的监督，也能获取更多的私有信息。因此，机构投资者的持股比例与股价同步性预计呈负相关关系。

另外，机构投资者的股票交易行为也将传递其持有的公司特质信息，能够改善股价的信息效率，增加特质信息含量，降低股价同步性。因此，机构持股者持股比例的变动率预计同股价同步性呈负相关关系。

本章选择共同基金持股情况来描述我国机构持股情况。目前，上市公司在其季报、半年报、年报中披露共同基金持股数据。作者选取每年共四次披露的共同基金持股比例的均值作为衡量一家上市公司当年机构持股的平均水平，若某上市公司无机构持股信息的统计数据，则认为无机构持股，用 0 表示；持股变动率则为当期持股比例与上期持股比例之差的绝对值。

（六）经营风险

经营风险越高的公司，其运营过程越不稳定，越需要经常调整生产运营战略或财务决策，因此市场对其私有信息的发掘成本较低，公司特质信息更易获取，经营风险与股价同步性预计呈负相关关系。本章采用预测的目标年份之前三年上

---

① 由于前文计算的操纵性应计 DA 的绝对值取值在（0，1.030），而真实盈余管理代理变量 REM 的绝对值取值在（0，1.627），二者在取值的数量级上无显著差异，直接加总生成变量可以度量上市公司整体盈余管理水平，不会对研究结论造成不利影响。

市公司营业收入的标准差系数衡量经营风险。

（七）行业集中度

行业集中度越高，各个公司间相互依赖的关联性越明显，一家公司的新的信息通常被认为与该行业内其他公司的价值都相关。同时，龙头企业的行为往往能引领其他小公司做出相同举措，在这种情况下，所有公司股价的涨跌就有可能与行业内的龙头企业同步（Piotroski and Roulstone，2004）。行业集中度是行业内所有企业市场占有率的平方和，由行业内各企业的收入规模分别除以行业总收入规模得到各企业的市场占有率，再将市场占有率取平方相加得到，也就是赫芬达尔-赫希曼指数（Herfindahl-Hirschman index，HHI）[式（6-6）]，预计该指数与股价同步性呈正相关关系。

$$HHI = \sum_{i=1}^{n} S_i^2 = \sum_{i=1}^{n} \left(\frac{Size_i}{Size} \right)^2 \qquad (6-6)$$

（八）市盈率和市净率

市盈率为股价与每股收益的比值，通常用来估计股票的投资价值，市盈率较高的股票，未来会有较高的盈利增长速度，同样，市净率也可以在一定程度上代表公司的成长性。上市公司成长性越高，市场对其投资热情越高涨，未来经营的不确定性也越高，对外传递的公司特质信息也越多。Loureiro 和 Taboada（2011）、Hutton 和 Stocken（2009），我国学者王亚平等（2009）均验证了市净率越大，股价同步性越低。因此，本书也预计市盈率、市净率与股价同步性的相关系数均为负。

（九）换手率

换手率为衡量股票流动性的基本指标，也在一定程度上反映投资者的情绪。交易越积极的股票，传递至市场的公司特质信息也越多，同时投资者情绪越高涨，说明私有信息套利的动机越明显。因此，换手率预计与股价同步性呈显著负相关关系。

（十）实际控制人性质

国有上市公司往往覆盖了关乎国家经济命脉的骨干产业，规模较大、实力雄厚的公司往往能引领一个行业绝大部分上市公司的股价波动方向，其特质信息也通常被市场视为行业或市场信息。因此，国有上市公司比非国有上市公司股价同步性要高,二者为负相关关系。实际控制人如果为国家,则取1,否则取0。

(十一)股权集中度

股权集中度反映了上市公司股权结构的分布状态。股权相对集中的公司,大股东有足够的动力和能力对管理层行为施以监督及制衡,即股权越集中,管理层所受的监督越严格,代理问题越缓和,因此财务会计报告中的公司特质信息也将越丰富,股价同步性也越低。鉴于此,预计股权集中度与股价同步性呈负相关关系。

(十二)上市年限

上市年限为公司上市年数,其与股价同步性之间的关系存在两种可能。首先,上市时间较长的公司往往规模都相对较大,这些公司发展较成熟,可能为该行业的龙头企业,因此能在一定程度上引领股价走势,即上市年限与股价同步性呈正相关关系;其次,新上市的公司往往更受市场青睐,尤其是近几年逐渐增多的高新技术企业,上市公司本身也更愿意释放更多的信息以吸引资金,因此,上市年限与股价同步性呈负相关关系。

(十三)公司规模

规模越大的上市公司,其内部管理和对外报送的财务信息也越规范和充分,因此,市场上针对其进行信息挖掘的成本也越高。另外,大规模的上市公司作为行业的领导者,其特质信息也通常被市场视为行业或市场信息,从而使其股价中包含了更多的市场信息,即公司规模与股价同步性呈正相关关系。

(十四)审计质量

审计质量越高,会计信息披露质量越有保障,财务会计报告的规范性、完整性、准确性越高,因此审计质量与股价同步性之间的关系可能存在两种情况。从财务会计报告的信息含量考虑,审计质量越高,则信息披露越充分,财务会计报告中的公司特质信息含量也就越高,因此股价同步性可能越低;从信息挖掘成本的角度考虑,如果财务会计报告中的公司特质信息较为丰富,则投资者挖掘此类企业特质信息的边际收益将小于边际成本,即审计质量与股价同步性呈正相关关系。

具体的变量定义如表6-1所示。

表 6-1　主要变量定义

变量类型	变量符号	变量名称	变量定义
被解释变量	Syn	股价同步性	股票价格的同步波动性
解释变量	CAS	会计准则变革	虚拟变量,在会计准则变革前的年份取 0,会计准则变革后取 1,在本书中,以分析师预测可参照的财务会计报告披露年份在会计准则变革后取 1 来度量,预测目标年份在 2009 年及以后年份(2009~2012 年)的取 1,2009 年之前的年份(1991~2008 年)取 0
	Lnana	分析师跟进	公司年报发出之前的 360 天内,对上市公司进行盈余预测的分析师数量的自然对数
	DQ	信息质量	操纵性应计与真实盈余管理的绝对值之和,该指标越小,代表资本市场信息质量越高
	DA	操纵性应计	由修正的琼斯模型计算的操纵性应计利润
	REM	真实盈余管理	采用 Roychowdhury(2006)和 Cohen 等(2008)的计算方法,并取绝对值
控制变量	INST	机构投资者持股比例	季报、半年报、年报披露的共同基金持有该公司股票比例的均值
	INST_C	机构持股变动率	当年持股比例与上年持股比例之差的绝对值
	BR	经营风险	目标年份前三年,上市公司营业收入的标准差系数
	HHI	行业集中度	行业内所有上市公司市场占有率的平方之和
	PE	市盈率	股价与每股收益的比值
	MB	市净率	年底股票市值与年报公布的净资产之比
	Turnover	换手率	上市公司股票日换手率之和
	State	实际控制人性质	实际控制人如果为国家,则取 1,否则取 0
	OC	股权集中度	目标年份前三位大股东持股比例之和
	Age	上市年限	上市公司上市年数
	Lnmv	公司规模	预测的目标年份,上市公司年末总市值的自然对数
	AQDum	审计质量	虚拟变量,由中国 2012 年审计事务所综合评价中排名前四位的事务所进行审计的公司取 1,否则取 0
	Ind	行业	虚拟变量,按照证监会行业分类标准,除制造业按二级行业编码划分 10 类外,样本公司涉及的其余 11 个行业以一级编码为准,共设置 20 个行业虚拟变量

三、模型设定

首先,在控制其他因素的同时,考察会计准则变革变量对股价同步性产生的影响,采用多元回归方法,见模型(6-7)。

$$\mathrm{Syn}_{i,t} = \alpha_0 + \alpha_1 \mathrm{CAS}_{i,t} + \sum_{m=2}^{13} \alpha_m \mathrm{control\ variables}_{i,t}$$
$$+ \sum_{n=14}^{33} \alpha_n \mathrm{Ind}_{i,t} + \varepsilon_{i,t} \quad (6\text{-}7)$$

由于分析师预测和财务会计报告是投资者获取公司特质信息的两种重要渠道，在控制其他影响因素的前提下，将描述分析师盈余预测行为的变量（分析师跟进变量）和信息质量变量加入模型，考察两种方式提供的信息对股价同步性产生的影响，见模型（6-8）。

$$\mathrm{Syn}_{i,t} = \beta_0 + \beta_1 \mathrm{CAS}_{i,t} + \beta_2 \mathrm{Lnana}_{i,t} + \beta_3 \mathrm{DQ}_{i,t}$$
$$+ \sum_{m=4}^{15} \beta_m \mathrm{control\ variables}_{i,t} + \sum_{n=16}^{35} \beta_n \mathrm{Ind}_{i,t} + \delta_{i,t} \quad (6\text{-}8)$$

将会计准则变革作为调节变量，在模型（6-8）的基础上，进一步构建调节变量检验模型，加入会计准则变革虚拟变量与分析师跟进变量的交乘项，以及会计准则变革虚拟变量与信息质量变量的交乘项，形成模型（6-9）。

$$\mathrm{Syn}_{i,t} = \gamma_0 + \gamma_1 \mathrm{CAS}_{i,t} + \gamma_2 \mathrm{Lnana}_{i,t} + \gamma_3 \mathrm{DQ}_{i,t} + \gamma_4 \mathrm{CAS}_{i,t} \times \mathrm{Lnana}_{i,t}$$
$$+ \gamma_5 \mathrm{CAS}_{i,t} \times \mathrm{DQ} + \sum_{m=6}^{17} \gamma_m \mathrm{control\ variables}_{i,t} + \sum_{n=18}^{37} \gamma_n \mathrm{Ind}_{i,t} + \mu_{i,t} \quad (6\text{-}9)$$

在模型（6-9）中，交乘项的系数 γ_4 和 γ_5 能够反映出会计准则变革前后，两种信息获取渠道对股价同步性产生的影响。根据前文分析和本章的基本假设，会计准则变革前，分析师跟进与股价同步性呈负相关关系，即 γ_2 为负，而会计准则变革后，分析师跟进与股价同步性呈正相关关系，即 γ_4 显著为正；会计准则变革前，财务会计报告的信息质量（用"盈余管理程度"逆向表示）与股价同步性呈负相关关系，即 γ_3 为负，会计准则变革后，二者呈正相关关系，即 γ_5 显著为正，并且 $|\gamma_5| > |\gamma_3|$。

第三节 描述性统计与相关性分析

首先本节针对本章的主要变量进行了分年度和综合的描述性统计分析；其次采用非参数 Mann-Whitney U 检验比较了股价同步性、分析师盈余预测行为与财务会计报告信息质量在会计准则变革前后是否存在显著差异；最后对主要变量进行了 Spearman 秩相关分析，初步检验变量间的相关关系。

一、股价同步性分年度描述性统计分析

采用我国资本市场发展之初的 1991~2012 年的股票市场周收益率数据，计算出 22 年间，共 21 947 家样本公司在模型（6-2）回归下的拟合优度 R^2，即市场综合收益率、行业综合收益率对单个股票收益率的解释力，也叫股价同步性。股价同步性 R^2 的高低能够描述股票价格中的市场和行业信息的含量，R^2 越高，则股价中的公司特质信息含量越低，反之，则越高。

表 6-2 为 R^2 的分年度描述性统计结果，从偏度和峰度来看，R^2 的取值不符合正态分布的假设，因此在描述各年股价同步性的综合水平时，中位数比均值更具有参考价值。从 1991~2012 年中位数的变化趋势来看，我国上市公司股价同步性呈现下降趋势。在 1991~1995 年，R^2 的均值在 0.9 附近，1995~2004 年股价同步性波动较大，最低曾达到 2000 年的 0.363，《企业会计准则》出台至 2012 年，除 2007~2008 年的金融风暴使这两年的 R^2 中位数达到 0.501 和 0.636，以及 2011 年出现了 0.519 的一个高点，其余年份均低于全样本中位数。

表 6-2 公司特质信息含量 R^2 分年度描述性统计结果

年份	样本数	标准差	均值	中位数	偏度	峰度
1991	12	0.303	0.791	0.952	-1.359	3.490
1992	37	0.143	0.892	0.953	-1.850	6.606
1993	112	0.193	0.749	0.788	-0.825	3.035
1994	276	0.094	0.919	0.945	-3.390	17.149
1995	292	0.110	0.861	0.885	-2.018	8.901
1996	414	0.173	0.568	0.571	-0.206	3.465
1997	676	0.184	0.450	0.444	0.255	2.920
1998	773	0.180	0.412	0.423	0.150	2.972
1999	879	0.180	0.438	0.442	0.135	3.074
2000	976	0.179	0.361	0.363	0.299	3.135
2001	1 104	0.190	0.602	0.641	-0.915	3.479
2002	1 150	0.196	0.587	0.619	-0.694	3.049
2003	1 209	0.186	0.412	0.416	0.108	2.731
2004	1 316	0.163	0.445	0.450	0.037	3.271
2005	1 325	0.168	0.385	0.377	0.449	3.521
2006	1 298	0.181	0.374	0.374	0.307	3.146

续表

年份	样本数	标准差	均值	中位数	偏度	峰度
2007	1 382	0.163	0.489	0.501	−0.095	3.178
2008	1 514	0.153	0.616	0.636	−0.416	2.990
2009	1 550	0.179	0.426	0.414	0.266	2.851
2010	1 731	0.173	0.444	0.450	0.008	2.747
2011	1 900	0.161	0.508	0.519	−0.266	2.881
2012	2 021	0.181	0.428	0.428	0.027	2.600
全样本	21 947	0.203	0.479	0.478	0.125	2.683

为了便于观察股价同步性的变化趋势,作者绘制了 R^2 各年度中位数的曲线图(图 6-2)。由图 6-2 可以看出,与西方发达国家资本市场情况相似,我国资本市场在 1991~2012 年,股价同步性水平总体呈现下行趋势。2001 年实行《企业会计制度》后,股价同步性有所降低,而 2006 年以后,同步性水平又基本恢复到 2001 年以前的水平。从趋势图可以初步判断,我国会计准则变革前后,股票价格的特质信息含量并没有明显的区别,但从会计准则变革的最终目标和影响机理来看,股价同步性应该会受会计准则的影响形成下降趋势。因此,需要进一步控制其他能够影响股价同步性的因素,考察会计准则变革对股价同步性产生的作用。

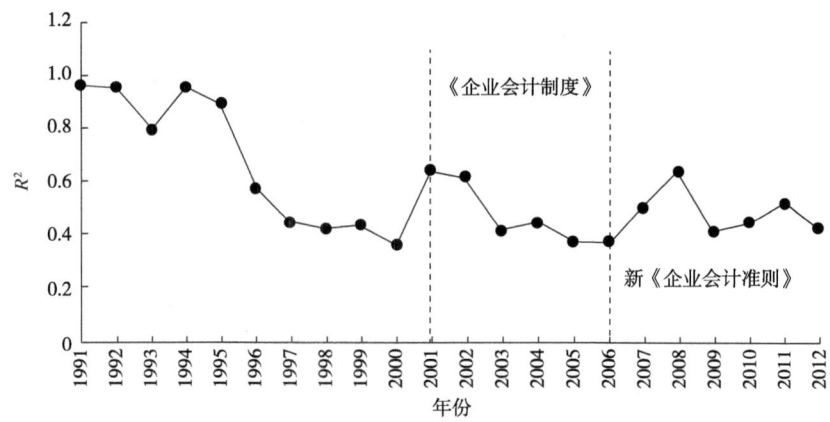

图 6-2　1991~2012 年我国股票市场发展股价同步性中位数曲线图

股价同步表现较高的几个时点分别为 1992~1995 年的股市巨幅动荡期,期间经历了股市暴跌、证监会救市,也包括了我国 A 股历史上前十次重大井喷中的六次,而 2000~2002 年,50%新股向二级市场配售、国有股减持办法暂停等事件也带来了沪深 300 指数连续三次涨幅超过 9%,2007~2008 年股市大幅震荡,2007年的 10 月上证指数达到 6124 点的历史最高,之后便经历了大幅下滑。由此可见,市场情绪可能是影响股价同步性的一个原因,因此在接下来的检验中也适当控制了市场情绪因素，考察会计准则变革对股票价格同步性的影响。

二、其他主要变量描述性统计分析

表 6-3 列示了本章采用的重要变量的标准差、均值、中位数、偏度和峰度。从变量数据的特征来看，我国上市公司机构投资者持股比例普遍偏低，均值仅为 2.712%，说明公募和私募基金、券商资金、保险资金，社保资金等机构很难对上市公司发挥应有的监督和制衡作用。基金持股在 2003 年覆盖了 49.84%的上市公司[①]，但当年所有基金持股上市公司持股比例的均值仅为 1.5%，近年来证监会鼓励机构增持上市公司股份，以改善进我国证券市场投资环境。截至 2012 年，基金持股已覆盖我国上市公司中的 90.57%，达到 2237 家，但持股比例的均值也仅为十年前的两倍，即 3.2%。在 2007~2010 年的股市剧烈波动期，该均值一度上升为 5.67%。机构持股意味着投资者对上市公司的关注、分析甚至监督、制衡力都更强。拥有较多高素质的明星分析师更有助于挖掘上市公司特质信息，降低信息不对称，提高投资效率。表 6-3 还显示出市盈率数据跨度非常大，标准差接近 2800，中位数为 38.652%，说明我国证券市场很多股票被高估，在一定程度上存在价格泡沫，风险较高，这也说明我国资本市场迫切需要提高股票定价效率，使股价能够更充分反映公司的特质信息，减少噪声交易，降低投资风险。另外，我国上市公司审计质量的均值大于 0，说明有更多的上市公司选择了具有较高审计质量的"四大"会计师事务所。

表 6-3 主要变量描述性统计分析

变量	标准差	均值	中位数	偏度	峰度
Lnana	1.241	0.882	0	1.127	2.954
DQ	0.272	0.308	0.236	2.883	15.744
INST	4.696	2.712%	0.433%	2.601	10.915
INST_C	2.632	1.605%	0.379%	2.700	12.859
BR	0.229	0.276	0.218	2.409	11.805
HHI	0.107	0.076	0.036	3.360	16.667
PE	2796.213	14.458	38.652	−58.943	3998.374
MB	29.467	4.115	2.823	39.945	2280.382
Turnover	1.703	2.332	1.802	1.099	3.893
Age	4.065	9.316	9.000	0.368	2.367
Lnmv	1.056	14.892	14.775	0.740	4.239
AQDum	0.242	0.063	0	3.610	14.033

---

① 表格限于篇幅未列示出分年度统计和基金持股数据。

三、会计准则变革前后变量的组间比较

根据前文的理论分析，会计准则变革能直接带来财务会计报告信息质量的改变，而财务会计报告信息质量又间接影响了分析师盈余预测的准确性。虽然预测偏差显著增大，但盈余预测报告的数量却有增无减，说明我国证券市场分析师预测行为形成了新的发展态势，其提供信息的可靠性和有用性也将面临市场的检验，并面临投资者的信任危机。因此，在前文验证了会计准则变革带来分析师预测准确性显著下降的基础上，进一步采用组间比较，考察会计准则变革前后分析师的信息披露行为，即盈余预测报告的数量是否有显著差异。

投资者的两大信息来源为分析师盈余预测和财务会计报告的变化，这两个渠道将共同影响投资者的决策，从而改变证券市场股票的定价效率。因此，本章针对股价同步性水平（Syn）、分析师跟进人数（Lnana）及信息质量（DQ）进行了会计准则变革前后的非参数 Mann-Whitney U 检验，以初步验证 Syn、Lnana、DQ 在会计准则变革后是否与会计准则变革前存在显著差异。非参数 Mann-Whitney U 检验的结果列示在表 6-4 中。

表 6-4 会计准则变革前后 Syn、Lnana 及 DQ 变量的 Mann-Whitney U 检验

变量名称	会计准则变革前（样本数：4932）		会计准则变革后（样本数：6021）		Mann-Whitney U 检验 z 值
	均值	中位数	均值	中位数	
Syn	−0.332	−0.286	−0.195	−0.122	−8.572*** （0.000）
Lnana	0.327	0	1.337	1.099	−42.721*** （0.000）
DQ	0.260	0.212	0.348	0.259	−14.557*** （0.000）

注：①括号中为 p 值；②表 6-3 中列示的变量的峰度和偏度显示，Syn、Lnana 及 DQ 变量的数据很难满足总体正态分布假设，但会计准则变革前后，样本数据分布基本相同，因此在进行会计准则变革前后的相关变量比较时，采用了非参数 Mann-Whitney U 检验，其显著程度用 z 值表示

***表示统计检验在 0.01 水平上显著

Mann-Whitney U 检验的结果显示，股价同步性水平、分析师跟进人数和信息质量在会计准则变革后都显著高于会计准则变革前。那么，会计准则变革前后，三者之间是否存在如前文理论分析所述的因果联系？投资者的信息获取渠道对公司特质信息的理解和处理是否会因此而发生改变，进而带来股价同步性的变化？这些问题的回答有待进一步检验。

四、相关性分析

根据股价同步性、分析师跟进及财务会计报告的信息质量三个变量的描述性统计结果，由峰度和偏度得知数据不服从正态分布，并且变量中包含非连续的虚拟变量 CAS，因此只能采用 Spearman 秩相关分析，表 6-5 列报了 Spearman 秩相关系数。总体来看，首先，公司规模同会计准则变革、分析师跟进及机构持股变动率三个变量之间的相关系数较高，但没有超过 0.65，这是因为企业规模随时间推移逐年增加，规模越大的公司，进行盈余预测的分析师也越多，同样，机构持股规模和变化率都相对更高。因此，在设计模型变量时，无法避免公司规模因素与其他因素之间的内在联系，又由于变量所代表的经济意义不同，不可互相替代，所以还需要继续作为控制变量进入模型，对于可能存在的多重共线性问题，在之后的回归分析中将计算方差膨胀因子，进行进一步检验。其次，分析师跟进与机构持股变动率的相关系数为 0.613，这是因为机构持股越多的上市公司，机构的分析师关注也越多。除此之外，其他变量的相关系数较低，初步排除了多重共线性对回归结果的不利影响。最后，分析师跟进与股价同步性、财务会计报告的信息质量与股价同步性，以及会计准则变革与以上三者之间关系均在 0.05 的水平上显著，说明四个变量之间可能存在密切的因果联系，其余控制变量与股价同步性之间也均存在显著的相关关系，说明模型中变量的选取基本合理。

第四节 会计准则变革对股价中特质信息含量的影响研究

首先在模型中仅引入会计准则变革虚拟变量来检验会计准则变革对股价同步性产生的影响；其次引入分析师跟进和财务会计报告的信息质量变量，考察全样本下，我国上市公司股价同步性的决定因素，从而发现我国投资者所能够获得的决策支持信息的基本特征。该特征包括：①分析师和财务会计报告中获取的信息中包含公司特质信息含量；②投资者的决策习惯，即投资者对分析师提供信息和财务会计报告信息的关注和使用情况；③进行会计准则变革的调节效应检验，引

表 6-5 主要变量的 Spearman 秩相关分析结果

变量	Syn	CAS	Lnana	DQ	INST_C	BR	PE	MB	Turnover	Lnmv	State	OC
Syn	1											
CAS	0.082*	1										
Lnana	0.165*	0.408*	1									
DQ	−0.042*	0.139*	0.112*	1								
INST_C	0.093*	0.392*	0.613*	0.091*	1							
BR	−0.025*	0.040*	0.133*	0.200*	0.062*	1						
PE	−0.030*	0.059*	−0.193*	−0.075*	−0.114*	−0.099*	1					
MB	−0.106*	0.302*	0.069*	0.172*	0.053*	0.068*	0.275*	1				
Turnover	−0.200*	0.218*	−0.008	0.011	0.130*	−0.002	0.120*	0.217*	1			
Lnmv	0.250*	0.523*	0.640*	0.065*	0.528*	0.073*	−0.074*	0.197*	0.011	1		
State	0.075*	−0.087*	0.028	−0.113*	0.028	−0.090*	−0.038	−0.141*	−0.097*	0.117*	1	
OC	0.053*	−0.235*	0.066*	0.017	−0.062*	0.029*	−0.103*	−0.083*	−0.236*	0.091*	0.215*	1

*代表 Spearman 秩相关系数在 0.05 的水平上显著

入交乘项，以发现会计准则变革如何通过影响投资者的决策习惯，进而改变我国资本市场上股价的同步性特征。

一、混合效应模型实证结果分析

表 6-6 列报了采用混合效应模型检验的模型（6-7）~模型（6-9）的结果，各交叉项及控制变量的系数符号与预测符号相符，说明回归结果基本符合研究预期。

表 6-6　会计准则变革对股价信息含量的影响检验（混合效应模型）

变量	预测符号	模型（6-7） 系数	t 值	模型（6-8） 系数	t 值	模型（6-9） 系数	t 值
CAS	?	−0.030	−1.40	0.010	0.45	−0.102***	−3.15
Lnana	?			0.026***	2.62	−0.007	−0.35
DQ	?			−0.154***	−4.58	−0.380***	−5.60
CAS×Lnana	+					0.041**	2.14
CAS×DQ	+					0.305***	4.04
INST	−	−0.018***	−7.35	−0.018***	−6.89	−0.018***	−6.98
INST_C	−	−0.003	−0.78	−0.001	−0.37	−0.0002	−0.05
BR	−	−0.241***	−0.05	−0.183***	−4.46	−0.181***	−4.42
HHI	+	0.677***	3.51	0.800***	3.77	0.835***	3.93
PE	−	-2.36×10^{-6}*	−1.65	-2.64×10^{-6}*	−1.8	-2.50×10^{-6}*	−1.72
MB	−	−0.001***	−3.72	−0.001***	−3.64	−0.001***	−3.62
Turnover	−	−0.098***	−19.84	−0.088***	−17.52	−0.085***	−16.71
State	+	0.104***	5.90	0.090***	5.04	0.091***	5.08
OC	−	−0.003***	−5.31	−0.003***	−4.58	−0.003***	−4.79
Age	−	−0.022***	−9.43	−0.018***	−7.43	−0.017***	−7.38
Lnmv	+	0.299***	25.46	0.278***	20.78	0.279***	20.78
AQDum	+	0.048	1.43	0.069**	1.97	0.076**	2.18
常数项	−	−4.297***	−25.62	−4.09***	−21.73	−4.042***	−21.38
Ind		控制		控制		控制	
F		61.65***		55.03***		53.22***	
adjusted R^2		0.170 8		0.170 5		0.172 5	
观测值		11 756		10 953		10 953	

注：① t 值为经过 White 异方差修正的稳健标准误计算；②为检验变量之间是否存在多重共线性问题，对各模型回归后还计算了各变量的方差膨胀因子，最大值为 4.46、4.82、8.8，未超过 10，均值分别为 1.95、2、2.6，表明不存在多重共线性，限于篇幅，本表中未披露；③由于模型中包含的会计准则变革虚拟变量与年份有密切联系，为了避免多重共线性，并未控制年份差异

*、**、***分别表示统计检验在 0.1、0.05、0.01 水平上显著

（一）会计准则变革对股价同步性影响检验

从模型（6-7）的检验结果来看，在控制了公司基本面状况、市场流动性、行业因素等影响后，会计准则变革与股价同步性并不存在显著的相关关系。模型（6-8）中增加了分析师跟进变量和财务会计报告的信息质量变量，会计准则变革对股价同步性的影响仍不显著。这与前文的股价同步性变动趋势图描述的情况相符，说明会计准则变革对股价中的公司特质信息含量影响不大。如果会计准则得到较好的实施，应该能够改善资本市场上信息披露的总体水平，提高信息质量，降低信息获取成本，使更多的公司特质信息反映在股价中，进而引导资金的高效配置。从检验结果来看，会计准则变革并未达到预期目标，可能的解释是在会计准则实施、财务会计报告生成和资本市场上信息传递及处理存在一定的问题，具体原因需要进一步检验获知。

（二）分析师盈余预测信息对股价同步性的影响检验

模型（6-8）加入了分析师跟进行为的度量变量，结果显示，跟进一家上市公司的分析师数量与股价同步性显著正相关，相关系数为 0.026，这说明分析师盈余预测报告数量越多，股价中包含的市场信息和行业信息越多，公司特质信息越少。这与 Piotroski 和 Roulstone（2004）、Chan 和 Hameed（2006）、冯旭南和李心愉（2011）的研究结论相同，而与朱红军等（2007）的研究结论却相反。朱红军等（2007）采用的是 2006 年以前的数据，他们指出当时我国证券分析师行业处于高速发展期，正处于从"股评家"向"证券分析人员"转换的阶段，证券分析人员提供信息中包含了较多的公司特质信息，其专业性也增加了投资者的信心，因此在 2006 年以前，证券分析师的预测行为与股价同步性之间可能存在显著的负相关关系。而 2006 年会计准则变革使分析师预测偏误显著增大，对未来盈余预测的准确性下降使得投资者信心倍受打击，投资者开始理性审视证券分析师提供的信息，在使用该类信息进行决策判断时，更多地将其作为行业或市场层面信息在行业内部进行投资决策调整。综上分析，2001~2012 年的全样本研究出现分析师数量与股价同步性显著正相关的结论符合理论预期。

（三）财务会计报告的信息质量对股价同步性的影响检验

表 6-6 中模型（6-8）的结果还显示，在控制了其他变量以后，财务会计报告的信息质量（逆指标）与股价同步性呈显著的负相关关系，即信息质量越低，股价同步性越低，这说明对于未划分会计准则变革前后的全部样本来说，盈余管理

程度越高，财务会计报告的透明度越差，市场上的噪声交易也将越严重。因此，对信息质量差的上市公司来说，市场情绪和噪声交易成为股价波动的主要促进因素，其股价同步性较低并不意味着有较高的信息效率，这种情况的出现不利于资本配置效率的提升和资本市场的长远发展。只有上市公司信息披露状况获得整体改善，增加财务会计报告中信息披露的质量和有效信息的数量，才能从根本上减少噪声交易，使股价的波动能够真正反映一家公司的特质信息。

（四）会计准则变革调节效应检验

由模型（6-9）中引入两个交乘项 CAS×Lnana 和 CAS×DQ，系数 γ_4 和 γ_5 反映出会计准则变革对投资者两种信息获取渠道与股价同步性关系的影响。Lnana 的系数不显著，而交乘项 CAS×Lnana 的系数在 0.05 的水平上显著为正，说明会计准则变革后分析师发布的盈余预测信息中包含较少的公司特质信息，而绝大部分是行业和市场层面信息，假设 6-1 及子假设 6-1a、假设 6-1b 得证。该结果说明，一家上市公司的分析师盈余预测报告越多，股价同步性越高，而在会计准则变革前，这种关系并不明显。

会计准则变革前，财务会计报告的信息质量与股价同步性呈显著的负相关关系，相关系数为-0.380，交乘项 CAS×DQ 的系数为 0.305，在 0.01 的水平上显著正相关。说明会计准则变革前，财务会计报告的信息质量越差，股价同步性越低，即股价的波动更多受市场噪声影响，股价同步性正向地反映股票市场的信息效率，假设 6-2a 得证。交乘项的绝对值小于 DQ 系数的绝对值，因此会计准则变革弱化了信息质量与股价同步性的负相关关系。虽然我国上市公司财务会计报告并没有发挥应有的传递有效信息的作用，但在会计准则变革后，财务会计报告信息披露质量的整体改善，减少了市场噪声，说明投资者正在回归理性，中国证券市场定价效率有所提升，假设 6-2 及子假设 6-2b 得证。

二、固定效应模型实证结果分析

为进一步验证研究假设，本章还采用了非平衡面板数据的固定效应模型对 2002~2012 年的非平衡面板数据进行检验。样本公司在各年度的分布状况见表 6-7，从表 6-7 可以看出，样本在各年份和两个市场的分布都相对较均匀，样本在数量和时间跨度上均能够满足面板数据检验的要求。

表 6-7　非平衡面板数据样本分布情况统计

年份	上海证券交易所	深圳证券交易所	合计
2002	419	394	813
2003	496	435	931
2004	577	443	1 020
2005	643	447	1 090
2006	649	429	1 078
2007	741	446	1 187
2009	742	465	1 207
2010	738	528	1 266
2011	768	623	1 391
2012	505	465	970
汇总	6 278	4 675	10 953

似然比（likelihood ratio，LR）检验的结果显示，固定效应模型要比混合效应模型更适合针对本部分的样本数据进行检验。Hausman 检验的结果显示，固定效应模型优于随机效应模型。且固定效应模型考虑了个体不随时间变化的效应，在某种程度上可以解决内生性问题，较为稳健。因此，本章采用了固定效应模型重复模型（6-7）~模型（6-9）的检验过程。由于固定效应模型不需要控制行业差异，因此在模型（6-7）~模型（6-9）中省略了行业控制变量，固定效应模型的结果在表 6-8 中列示。

表 6-8　会计准则变革对股价信息含量的影响检验（个体固定效应模型）

变量	预测符号	模型（6-7）系数	t 值	模型（6-8）系数	t 值	模型（6-9）系数	t 值
CAS	?	0.548***	13.03	0.557***	12.98		
Lnana	?			0.067***	5.24	−0.004	−0.17
DQ	?			0.017	0.50	−0.442***	−7.36
CAS×Lnana	+					0.067***	3.55
CAS×DQ	+					0.614***	9.38
INST	−	−0.006**	−2.07	−0.010***	−3.15	−0.014***	−4.22
INST_C	−	−0.010**	−2.40	−0.010**	−2.36	−0.008*	−1.19
BR	−	−0.029	−0.73	0.004	0.11	−0.017	−0.42
HHI	+	−0.076	−0.41	−0.042	−0.21	0.060	0.29
PE	−	-4.09×10^{-6}	−1.45	$-4.91 \times 10^{-6*}$	−1.75	$-4.68 \times 10^{-6*}$	−1.67
MB	−	−0.0003	−1.28	−0.0001	−0.50	−0.0008	−0.30
Turnover	−	−0.094***	−18.66	−0.084***	−16.40	−0.079***	−15.02

续表

变量	预测符号	模型（6-7） 系数	模型（6-7） t值	模型（6-8） 系数	模型（6-8） t值	模型（6-9） 系数	模型（6-9） t值
State	+	0.007	0.2	−0.021	−0.59	−0.021	−0.57
OC	−	−0.001	−1.27	−0.001	−0.89	−0.004***	−3.44
Age	−	−0.093***	−18.88	−0.086***	−15.4	−0.051***	−12.29
Lnmv	+	0.150***	7.59	0.080***	3.71	0.183***	10.13
AQDum	+	0.132**	2.45	0.174***	3.03	0.153***	2.67
常数项	−	−1.569***	−5.39	−0.724**	−2.29	−2.10***	−7.82
F		80.27***		48.30***		41.58***	
组内 R^2		0.093 1		0.072 0		0.066 4	
观测值		11 756		10 953		10 953	

*、**、***分别表示统计检验在 0.1、0.05、0.01 水平上显著

（一）会计准则变革对股价同步性影响检验

在考虑了个体不随时间变化的效应后，固定效应模型的检验结果进一步将会计准则变革后股价同步性变化的趋势描绘得更清晰。观察模型（6-7）和模型（6-8）中会计准则变革变量的系数可以发现，会计准则变革后，股价同步性显著升高，说明股价中的公司特质信息减少，股票出现了更加强烈的同涨共跌现象，进一步验证了假设 6-3。作者认为，这种现象说明在会计准则变革后，财务会计报告生成和资本市场上信息传递与处理可能存在一定的问题，使证券市场的投资者信息获取渠道、对信息的理解和分析习惯发生了改变，从而影响了证券市场的定价效率。

（二）分析师跟进对股价同步性的影响检验

与混合效应模型的回归结果相同，分析师跟进与股价同步性存在显著正相关关系，即关于一家上市公司的分析师盈余预测报告的数量越多，其股价同步性越高，说明分析师盈余预测报告披露的信息越多，股价中包含的市场信息和行业信息越多，公司特质信息越少。但作者认为，在不同的制度背景和市场环境下，投资者对信息的理解和处理会存在显著区别，特别是能够给资本市场信息披露环境带来巨大影响的《企业会计准则》的出台能使分析师跟进与股价同步性在会计准则变革前后呈现不同的相关关系，这个命题将在模型（6-9）中予以验证。

（三）财务会计报告的信息质量对股价同步性的影响检验

固定效应模型关于模型（6-8）的检验结果显示，对于全样本来说，财务会计

报告的信息质量与股价同步性之间并无显著的相关关系，与混合效应模型检验的结果存在一定差异。

二者关系不显著的原因，可能是全部样本跨越会计准则变革时点，而会计准则变革前后，信息质量与股价同步性之间的关系刚好相反，即财务会计报告信息质量对股价中的公司特质信息含量产生的影响在会计准则变革的影响下形成了逆转。假设 6-2b 的检验结果将体现于模型（6-9）中。

三、会计准则变革的调节效应检验

根据表 6-8 中模型（6-9）检验结果，Lnana 的系数不显著，而交乘项 CAS×Lnana 的系数在 0.01 的水平上显著为正，该结论与混合效应模型一致，且交乘项的显著性更强。说明会计准则变革后分析师发布的盈余预测信息中包含较少的公司特质信息，而绝大部分是行业信息和市场信息，再一次验证了假设 6-1 及子假设 6-1a、假设 6-1b。

会计准则变革前，财务会计报告的信息质量与股价同步性呈显著的负相关关系，相关系数为 -0.442，交乘项 CAS × DQ 的系数为 0.614，在 0.01 的水平上显著正相关，这说明会计准则变革前，财务会计报告的信息质量越差，股价同步性越低，即股价的波动更多受市场噪声影响，股价同步性正向地反映股票市场的信息效率，假设 6-2a 得证。鉴于交乘项的绝对值大于信息质量系数的绝对值，会计准则变革不但弱化，而且可能逆转了信息质量与股价同步性的负相关关系，使股价同步性负向地反映资本市场信息效率，说明股票的波动在更大程度上实现了公司特质信息驱动，而不是原来的噪声驱动，假设 6-2 和子假设 6-2b 得证。因此，会计准则变革给资本市场带来的变化和影响，使投资者在与信息的互动中改变了决策习惯，中国证券市场定价效率也将随着财务会计报告信息披露质量的不断完善而实现快速提升。

综合以上针对模型（6-9）的分析结果，可以发现在模型（6-7）和模型（6-8）中，会计准则变革后股价同步性升高的原因。首先，结合前文关于分析师跟进人数在近年来变化趋势的分析，以及组间 Mann-Whitney U 检验的结果，分析师盈余预测报告的数量在近几年大幅增加，因此会计准则变革后，较为丰富的分析师盈余预测信息，以及投资者利用该信息进行投资决策的方式的转变使股价中包含了更多的行业和市场层面信息。其次，会计准则变革后，财务会计报告信息质量越高，股价同步性越低，说明投资者开始利用多种信息获取渠道，尤其是更加重视财务会计报告信息，能够针对财务会计报告进行分析、解读、挖掘决策相关信息，股价中反映了更多的公司特质信息，市场定价效率提高。但根据前文分析，新会计准则实施后，我国上市公司应计盈余管理在一定程度上得到了抑制，但却出现了较多的真实盈余管理行为，这些行为成为财务会计报告信息质量降低的根源。因此，会计准则变革后，投资者对财务会计报告的关注，使进入股价中的公司特质信息含量与信息披露质量呈正相关关系，但上市公司对盈余的操纵行为又最终导致了股价对特质信息反应不足，即存在较高的同步性。

第五节　稳健性检验

本节进行了稳健性检验，以确保本章实证结果更加可靠，具体包括以下几个检验。

一、调整数据和变量

本章采用 2002~2012 年的数据，以 2006 年为会计准则变革时点进行划分。在本章的检验中，考虑到会计准则实施效果的滞后反应，剔除 2006~2008 年数据，即会计准则变革前包含 2002~2005 年，会计准则变革后仅包含 2009~2012 年的数据，重复前文的检验过程，结论仍然成立。

由于市盈率数据范围跨度较大，过低或过高的市盈率在反映公司成长性和风险方面都是无能为力的，另外不同行业的上市公司的市盈率也不具备相互比较的条件，因此为排除市盈率数据特征对本部分研究结论的影响，本章分行业将每个行业的市盈率从小到大排列，等分为 10 组，设置虚拟变量来替代市盈率值，重复前文检验过程，结论未受影响。

二、改变模型回归方法

本节主体部分的回归方法采用的是混合效应模型和个体固定效应模型，因此在稳健性检验中，作者采用了双向固定效应模型[①]、面板数据的固定效应加

[①] 固定效应模型中的数据同时包含个体效应和时间效应，同时考虑个体固定效应和时间固定效应的模型称为双向固定效应模型，也就是在个体固定效应模型基础上，考虑时间控制变量的影响。

Bootstrap 抽样（FE+BS）[1]及 SCC 方法[2]。限于篇幅，本节省略了对控制变量回归结果的汇报，主要结果列示在表 6-9~表 6-11 中。控制变量的系数和显著性水平与混合效应模型、个体固定效应模型的结果无明显差异。

表 6-9 会计准则变革对股价信息含量的影响检验简表（双向固定效应模型）

变量	预测符号	模型（6-8）		模型（6-9）	
		系数	t 值	系数	t 值
Lnana	?	0.082***	6.50	0.002	0.10
DQ	?	−0.038	−1.12	−0.275***	−4.53
CAS×Lnana	+			0.082***	3.89
CAS×DQ	+			0.319***	4.70
常数项	−	0.053	0.16	0.302	0.90
控制变量	−	控制		控制	
Year		控制		控制	
F		64.61***		60.28***	
组内 R^2		0.132		0.134	

***表示统计检验在 0.01 水平上显著

表 6-10 会计准则变革对股价信息含量的影响检验简表（FE+BS）

变量	预测符号	模型（6-8）		模型（6-9）	
		系数	z 值	系数	z 值
CAS	?	0.557***	12.32	0.449	8.99
Lnana	?	0.067***	4.86	0.056**	2.50
DQ	?	0.017	0.44	−0.268***	−3.59
CAS×Lnana	+			0.015	0.68
CAS×DQ	+			0.381***	4.95
常数项	−	−0.724*	−1.82	−0.497	−1.24
控制变量	−	控制		控制	
Wald chi^2		640.59***		652.30***	
组内 R^2		0.0719		0.0749	

*、**、***分别表示统计检验在 0.1、0.05、0.01 水平上显著

---

① FE+BS 是指使用个体固定效应模型，但是其标准误是采用 Bootstrap 抽样得来的稳健标准误，其基本思想为假设样本是从母体中有放回的随机抽取，通过反复从样本中抽取样本来模拟母体的分布。本章稳健性检验采用 Bootstrap 抽样 3000 次来获得稳健标准误。具体步骤为：从全部 10 953 个观测样本中有放回地随机抽取 10 953 个样本，具体方法为每次抽取一个样本后，将其放回样本池，继续抽取以得到一个由 10 953 个随机抽取样本组成的新样本池，进行模型（6-8）和模型（6-9）的检验，求出系数的估计值；重复第一步骤 3000 次，得到一系列样本的系数估计值，使用这 3000 个估计值便可以求出模型（6-8）和模型（6-9）在 Bootstrap 检验下的标准误，从而确保回归结果的稳健性。

② SCC 方法，是指针对面板数据可能会出现的异方差、序列相关和截面相关的问题而采用的一种综合处理方法，能够提供用来获取 Driscoll 和 Kraay（1998）提出的"异方差-序列相关-截面相关"稳健型标准误，适用于平衡和非平衡面板数据。

表 6-11 会计准则变革对股价信息含量的影响检验简表（SCC）

变量	预测符号	模型（6-8）		模型（6-9）	
		系数	t 值	系数	t 值
Lnana	?	0.043*	1.69	−0.004	−0.12
DQ	?	0.011	0.14	−0.442***	−4.77
CAS×Lnana	+			0.067	1.5
CAS×DQ	+			0.614***	6.73
常数项	−	−3.500***	−3.35	−2.103**	−2.19
控制变量	−	控制		控制	
F		1147.73***		175.97***	
组内 R^2		0.0551		0.0664	

*、**、***分别表示统计检验在 0.1、0.05、0.01 水平上显著

第六节 本章小结

本章以沪深两市 A 股上市公司为研究对象，将会计准则变革作为资本市场信息环境变化的虚拟变量，检验了信息环境变化对我国证券市场股价中公司特质信息含量产生的影响，并深入发掘了该影响形成的路径，指出投资者对信息的使用和解读的改变是该影响产生的原因。研究发现以下现象。①会计准则变革后，证券分析师盈余预测的准确性下降，证券分析师盈余预测包含的特质信息发生显著变化。具体表现为，在会计准则变革前，一家上市公司的分析师盈余预测信息越丰富，则股价中的公司特质信息越多，股价同步性越低；在会计准则变革后，一家上市公司的分析师盈余预测信息越丰富,则股价中的行业和市场层面信息越多，股价同步性越高。②会计准则变革后，上市公司财务会计报告的信息质量与股价中包含的公司特质信息含量之间的关系发生显著改变。具体表现为，在会计准则变革前，财务会计报告的信息质量越低，股价同步性越低；在会计准则变革后，财务会计报告的信息质量与股价同步性的正相关关系将减弱或逆转。

随着《企业会计准则》的实施和与 IFRS 持续趋同的不断推进，企业信息披露规范和监管更加严格，我国资本市场信息环境不断改善。会计准则变革使资本市场的投资者形成关于财务会计报告信息质量、透明度、可理解性等全面改善的良好预期。财务会计报告信息的获取成本低廉也使投资者有更大的动力主动提高自身财务知识，更多参考财务会计报告，挖掘其中的公司特质信息，为

自身决策服务。

另外，2007年会计准则的实施虽然增强了财务信息当期的价值相关性，但却加大了未来盈余预测的难度，使分析师预测偏误增大；机构投资者对上市公司信息披露质量的监督动力和能力明显不足，虽然分析师数量不断增加，但却很难发现企业损害未来价值的盈余管理行为，因此财务会计报告的信息质量下降也是分析师预测偏误增大的重要原因。在资本市场中，理智的投资者应知晓其私有信息的不完全性或认识到其所获信息含有噪声，因此对其私有信息产生一定程度的怀疑。分析师预测失误的普遍存在动摇了投资者以往对此信息获取渠道建立的信心，因此投资者在使用该类信息进行决策判断时，更多地将其作为行业或市场层面信息在行业内部进行投资决策的调整，而不是随盈余预测报告的发布随时改变投资目标，这也在一定程度上说明我国证券市场的广大投资者正逐渐走向成熟和理性。

因此，投资者对公司特质信息的发掘、解读和运用的改变，使公司特质信息逐渐替代市场噪声，成为股价波动的主要驱动力，在实证结果上表现为股价同步性负向反映资本市场信息效率。鉴于此，提高财务会计报告的信息质量，降低特质信息的挖掘成本，从而改善资本市场股价的信息含量和股票的定价效率对资本市场的发展有重要意义。而提高财务会计报告的信息质量只靠审计机构难以实现，许多盈余管理行为，如真实盈余管理行为就需要机构投资者、证券分析师、普通投资者等社会公众进行识别和监督。会计准则变革为生成高质量的财务会计报告提供了良好的制度框架，削弱了市场噪声交易，鼓励投资者理性投资，形成了以财务会计报告信息为主要分析和参考对象的正确的投资习惯，从而使资本市场信息效率的目标能够通过提高信息披露和传递的质量而逐步实现。

第七章 会计准则变革与影响的进一步探讨

会计准则变革给资本市场带来的直接影响主要通过两条路径实现，即信息披露质量的变化和资本市场信息环境的变化，而这些变化又将影响市场上信息的生产、加工、传递及信息使用者的理解和判断。

2006年颁布《企业会计准则——基本准则》和38项具体准则之后，财政部发布了六项企业会计准则解释、五个年报通知及若干会计处理规定和复函，2014年，财政部又陆续新增或修订了公允价值计量、财务报表列报、职工薪酬、长期股权投资等多项企业会计准则。2017年，财政部制定（或修订）了企业会计准则第14号、16号、22号、23号、24号、37号及42号七项准则。《企业会计准则》的变化对业务处理方式、信息披露形式和内容的改变虽然立竿见影，但对企业内部价值理念到经营行为的影响却一定是潜移默化、逐步深入的。相信未来会计准则将结合我国企业和市场环境的实际情况，通过制度设计发挥其治理功能，鼓励企业积蓄竞争动能，倡导长期可持续发展的价值理念，从而促进经济社会的稳健、快速发展。

国内外研究普遍发现，国家的经济环境、制度环境和市场环境决定了会计准则的执行效果。在国外被普遍证实对一国信息披露质量、分析师预测准确性，乃至资本市场信息效率能够产生积极影响的国际财务报告准则，在我国实施的结果却未达到预期。因此，我们在极力推进会计准则国际等效趋同的过程中，更应该关注经济社会发展、法律制度、社会文化，公司治理水平等环境因素对执行效果的影响。

第一节　关于我国会计准则变革影响的再思考

会计准则变革带来的企业信息披露水平的提高和资本市场信息环境的改善能够增加资本市场上有效信息的含量,从而降低投资者信息获取成本,减少市场噪声和信息冗余给投资者决策带来的误导和干扰,促进合理定价。同时,资本市场信息效率决定了投资者对优劣融资主体的区分是否正确客观,能否将有限的社会资金配置给优质企业和优质项目,从而提高整个资本市场的配置效率并发挥市场优胜劣汰的功能,以确保投资者财富的保值增值。因此,研究会计准则变革的影响,以及探讨如何扩大其积极影响具有持续和深刻的意义。

一、追踪会计准则变革的经济后果具有重要的理论意义

Fama(1970)的资本市场效率理论认为,有效市场意味着信息能很快被市场参与者领悟并立刻反映到市场价格之中,即证券价格能充分反映投资者可获得的信息。以信息流转过程为依托,分别从信息提供者、信息媒介、信息使用者的环节界定信息效率,能够拓宽评价信息效率的视角,为全面系统研究信息传递流程中的效率薄弱环节提供理论支持。因此,未来研究如果能够把握住信息流转的过程,并结合行为会计学的相关理论探讨会计准则的经济后果,就可以丰富行为会计学中的认知局限理论在信息效率研究中的理论解释。以往围绕认知局限的理论认为,投资者和分析师都具有认知局限,会通过决策行为形成认知偏差,据此能推演出,如果投资者采纳了分析师的错误信息,会带来更严重的错误定价。本书研究强调了二者的互动,认为投资者在具有认知局限的同时,也有趋利避害的自我保护意识,因此会计准则变革虽然导致分析师的认知偏差变大,但投资者会根据这种变化调整对预测报告中信息的理解和使用,即信息媒介的信息处理效率下降并不一定导致较低的资本市场信息效率。未来研究如果能在此基础上进一步探讨该互动影响,将投资者可能的理性决策行为与认知局限相结合,来探讨制度变革的经济后果,会对资本市场异象产生更有益的解释。

二、探讨制度环境变化对资本市场信息效率影响具有现实意义

第一，本书的研究提供了从信息流转环节的角度，分层次治理我国资本市场信息效率问题的途径和方法，同时根据本章的研究结论，为改善会计准则的执行效果提出了政策建议。本书通过对信息传递过程的分解，从三个层次检验会计准则变革的影响，强调过程控制对最终定价效率的影响，使治理措施更有针对性，政策建议更加切实可靠。

第二，本书提供了各利益相关者参与信息质量治理的方法，有助于引发分析师、机构投资者、媒体及社会公众对企业多种盈余管理方式的识别和重视。本书分别度量应计盈余管理和真实盈余管理下的盈余质量，并证明二者能给信息效率带来不同程度的影响。研究发现，分析师和投资人在市场"自我调节机制"中的作用，有助于明确利害关系，促进信息使用者对信息提供者反向制约的实现。

第三，拓展盈余反应系数的应用范畴的同时创新了资本市场功能锁定现象的检验方法。与以往学者的研究思路不同，作者认为要在不同的盈余质量下，分别探讨盈余反应系数是正向地还是负向地反映资本市场信息效率。利用该特征，引入盈余质量变量作为交乘项检验了资本市场的功能锁定现象，该方法如果能够得到该领域学者的认可，则有望成为全新的检验定价效率的方法，可用于进行相关研究稳健性的测定。

第二节 资本市场信息效率的提升途径

我国会计准则变革肩负着提高会计信息质量、提升资本市场信息效率以引导社会资本进行合理有效配置的重要使命。基于本书的研究结果，建议读者关注以下几个能够改善会计准则实施效果的重要途径。

一、规范和鼓励增量信息的自愿披露

从会计准则和自愿披露原则的制定上，可以规范上市公司增量信息的披露制度，鼓励公司对非正常现金流、非正常生产成本、非正常期间费用等信息进行表外披露，并尽可能详细披露异常波动的原因。

从本书的研究中可以发现，企业存在两种盈余管理方式，在会计准则变革后，管理者为适应会计准则对应计盈余管理的监督和制约，采用了与实际业务相关的真实盈余管理行为。然而，无论是为了摊薄当期销货成本的增产、增加销售采用的折扣和赊销行为，还是削减必要性研发支出、管理人员工资等行为，在实施这些与企业经营过程真实相关的盈余管理行为时，必然有损企业未来创造收益的能力，且与应计盈余管理相比，真实盈余管理对企业未来价值的损害更大。

因此，针对这些难以识别的盈余管理行为，从信息披露监管的角度入手，可以在会计准则中加入一项针对非正常生产成本、非正常经营活动净现金流、非正常期间费用支出的表外信息披露的规定。可限定企业单独披露在当期出现的超出一定正常波动范围的项目，并说明原因。重点说明非正常生产成本（尤其是偏高的生产成本）、非正常经营活动净现金流（特别是与收入严重不相匹配的经营活动现金净流）及非正常期间费用（特别是明显低于同行业、相近规模企业平均值的研发费用、管理费用、销售费用）。此类表外信息的披露有助于信息使用者识别企业存在的真实盈余管理行为，从而起到监督和抑制作用。

二、配合会计准则变革提高审计敏感性

对于信息媒介组织中的审计机构，应通过培训提高审计人员的职业敏感性，使其在新会计准则颁布后，快速对会计准则执行效果形成合理预期。

提高信息披露质量要求企业能严格遵守《企业会计准则》对会计处理和财务会计报告的规范及要求，这就需要审计机构对审计人员进行培训，使审计人员保持相当强的职业敏感性。在历次会计准则变革后，快速适应和识别企业新出现的盈余管理手段，真正成为维护财务信息可靠性的第一道防线。同样，证监会也应当切实履行对企业的监督职能，提示投资者增强风险意识。

三、分析师治理提高盈余管理成本

信息媒介组织中的证券分析师应积极促进其外部治理职能和监督职能的履行，提高企业进行真实盈余管理的成本。

从提升资本市场信息效率、确保市场整体价值创造效率提升的角度考虑，分析师作为信息媒介，有责任和义务对企业的价值损害行为予以识别和预告。国内外的许多研究表明，分析师跟进能够起到外部治理和监督的作用，即关注一家上市公司的分析师越多，则该公司的信息披露越符合规范、越透明，盈余质量也越高。分析师作为拥有较高财务技能的专家，要比普通投资者更能发现上市公司财务会计报告中的虚假信息，对持续性盈余和非持续性盈余也能有相对准确的判断和识别。

本书的研究发现，会计准则变革后，分析师预测失误的普遍存在动摇了投资者以往对此信息获取渠道建立的信心，分析师在资本市场上的作用和影响在逐渐弱化。为了重新树立形象和获取信任，避免沦为"股评人"的角色，分析师行业急需进行策略调整和技术改进。改善分析师外部治理职能主要包括两方面，即提高分析师职业素质和加强分析师职业道德规范建设。

其中分析师职业素质的提高主要包括两个方面，即提高分析师行业的准入门槛和强化后续培训。在资本市场上，分析师作为投资者的"参谋"，肩负着重要使命，不仅要有丰富的知识和实践经验，能在预测分析中把握大势、随机应变，提供客观、公正的判断和分析，还要有高度的社会责任感和使命感。中国证券业协会于 2005 年 9 月 21 日发布新的从业守则，即《中国证券业协会证券分析师职业道德守则》(以下简称守则)。这是证券分析师在其执业及相关活动中应当遵守的行为规范和道德规范，是对证券分析师的职业品德、执业纪律、业务素养及职业责任等方面的基本规定和要求[1]。守则中指出"证券分析师在执行业务过程中必须恪守独立诚信、谨慎客观、勤勉尽职、公正公平的原则，提供专业服务，不断提高证券分析师的整体社会形象和地位"。目前，我国证券分析师的准入门槛较低，仅要求其具备证券专业知识和从事证券业务或证券服务业务两年以上经验即可。因此，设置更高的准入门槛，筛选具备丰富知识和职业道德素养的高端人才，并确保在其职业过程中接受专业的强化培训，将是保证我国证券分析师发挥治理和监督作用的基础。

---

[1] 摘自《中国证券业协会证券分析师职业道德守则》第一章第二条。

四、机构投资者强化外部监督

老练投资者的代表——机构投资者，应鼓励其持股和外部监督，优化公司的治理结构。

良好的公司治理是资本市场保持较高信息效率水平的前提。与欧美发达国家相比，我国机构投资者持股比例显著偏低，导致该投资主体发挥外部监督和制衡作用的动力和能力明显不足，这不利于约束企业提高信息披露质量和透明度，也不能维护我国资本市场的健康和快速发展。机构投资者一般具有持股比例大，持股时间长的特点。因此，机构投资者通常作为一个较大的投资主体，被认为有动机，也有能力对上市公司的盈余管理行为起到监督和制约的作用，促进上市公司提高披露质量。

五、普通投资者财务知识普及提升判断力

普通投资者要在历次会计准则变革后迅速普及财务知识，引导市场理性决策。

会计准则的每一次变革不是直接影响企业对信息的处理，而是将更加长期和巨大的改变嵌入企业内部。会计准则变革后，一些企业迎合新会计准则理念，走创新发展之路，将被投资者认可，获得更多资源；而也有一些企业暴露出了问题，若不积极纠正则将被市场逐步淘汰。资本市场优胜劣汰的作用能够在更优的信息环境下得到充分发挥。然而，要通过市场机制实现对上市公司的优胜劣汰，需要广大中小投资者掌握更多的财务知识，特别是在会计准则变革后，投资者要具备基本的判断和分析能力，才能理解盈余的构成，对企业的线下项目予以识别。因此，证监会有责任引导投资者掌握财务知识，进行理性决策，这不仅能够保障投资者自身利益，避免因其对风险的错误判断遭受损失，更重要的是能够提高资本市场信息效率，减少资本市场的噪声交易，还能抑制股市泡沫的形成。

综上所述，提高财务会计报告的信息质量和资本市场信息效率，只靠审计机构难以实现，许多盈余管理行为，如真实盈余管理行为需要机构投资者、证券分析师、普通投资者等社会公众进行识别和监督。会计准则变革为生成高质量的财务会计报告提供了良好的制度框架，但更需要良好的资本市场秩序和环境来确保

会计准则顺利实施。财务会计报告信息披露质量的提升能够削弱市场噪声交易，鼓励投资者理性投资，形成以财务会计报告信息为主要分析和参考对象的正确的投资习惯，从而使资本市场信息效率的目标能够通过提高信息披露和传递的质量而逐步实现。

参 考 文 献

陈仕华,郑文全. 2010. 公司治理理论的最新进展:一个新的分析框架[J]. 管理世界,(2): 156-166.

陈晓,陈小悦,刘钊. 1999. A 股盈余报告的有用性研究——来自上海、深圳股市的实证证据[J]. 经济研究,(6):21-28.

陈信元,何贤杰,田野. 2011. 新会计准则研究:分析框架与综述[J]. 中国会计评论,(2):139-158.

杜兴强,雷宇,朱国泓. 2009. 企业会计准则(2006)的市场反应:初步的经验证据[J]. 会计研究,(3):18-24.

段进东,陈海明. 2004. 我国新股发行定价的信息效率实证研究[J]. 金融研究,(2):87-94.

冯旭南,李心愉. 2011. 中国证券分析师能反映公司特质信息吗?——基于股价波动同步性和分析师跟进的证据[J]. 经济科学,(4):99-106.

何旭强,高道德. 2001. 证券市场价格信号的资源配置有效性——价格信号引导产业转移的考察[J]. 经济研究,(5):61-68.

侯宇,叶冬艳. 2008. 机构投资者、知情人交易和市场效率——来自中国资本市场的实证证据[J]. 金融研究,(4):131-145.

胡锦涛. 2012-11-18. 坚定不移沿着中国特色社会主义道路前进 为全面建成小康社会而奋斗——在中国共产党第十八次全国代表大会上的报告(2012 年 11 月 8 日)[N]. 人民日报,(001).

胡奕明,刘奕均. 2012. 公允价值会计与市场波动[J]. 会计研究,(6):12-18.

姜国华. 2004. 分析师为何看不准中国公司[J]. 新财经,(2):38-40.

姜英兵,严婷. 2012. 制度环境对会计准则执行的影响研究[J]. 会计研究,(4):69-78.

金智. 2010. 新会计准则、会计信息质量与股价同步性[J]. 会计研究,(7):19-26.

李青原. 2009. 会计信息质量与公司资本配置效率——来自我国上市公司的经验证据[J]. 南开管理评论,(2):115-124.

李增泉,叶青,贺卉. 2011. 企业关联、信息透明度与股价特征[J]. 会计研究,(1):44-51.

刘峰,吴风,钟瑞庆. 2004. 会计准则能提高会计信息质量吗——来自中国股市的初步证据[J]. 会计研究,(5):8-19.

刘启亮,何威风,罗乐. 2011. IFRS 的强制采用、新法律实施与应计及真实盈余管理[J]. 中国会计与财务研究，（1）：57-121.

刘启亮，李增泉，姚易伟. 2008. 投资者保护、控制权私利与金字塔结构——以格林柯尔为例[J]. 管理世界，（2）：139-148.

刘永泽，孙翯. 2011. 我国上市公司公允价值信息的价值相关性——基于企业会计准则国际趋同背景的经验研究[J]. 会计研究，（2）：16-22.

陆瑶，沈小力. 2011. 股票价格的信息含量与盈余管理——基于中国股市的实证分析[J]. 金融研究，（12）：131-146.

陆宇建，蒋玥. 2012. 制度变革、盈余持续性与市场定价行为研究[J]. 会计研究，（1）：58-67.

毛新述，戴德明. 2009. 会计制度改革、盈余稳健性与盈余管理[J]. 会计研究，（12）：38-46.

潘越，戴亦一，林超群. 2011. 信息不透明、分析师关注与个股暴跌风险[J]. 金融研究，（9）：138-151.

沈烈，张西萍. 2007. 新会计准则与盈余管理[J]. 会计研究，（2）：52-58.

时文朝. 2009. 增强透明度对我国银行间债券市场信息效率的影响——以交易信息对流动性的影响为例[J]. 金融研究，（12）：99-108.

斯科特 W R. 2006. 财务会计理论[M]. 3版. 陈汉文，等译. 北京：机械工业出版社.

孙翯，孙光国. 2011. 公允价值信息的功能锁定现象——基于我国会计准则国际趋同背景的投资者行为分析[J]. 经济管理，（4）：125-130.

孙蔓莉，王竹君，蒋艳霞. 2012. 代理问题、公司治理模式与业绩自利性归因倾向——基于美、中、日三国的数据比较[J]. 会计研究，（1）：68-74.

唐松，胡威，孙铮. 2011. 政治关系、制度环境与股票价格的信息含量——来自我国民营上市公司股价同步性的经验证据[J]. 金融研究，（7）：182-195.

王建新. 2005. 我国会计准则国际化协调进程及其效果研究——基于沪深AB股的经验证据[J]. 会计研究，（6）：52-57.

王亮亮，王跃堂，杨志进. 2012. 会计准则国际趋同、研究开发支出及其经济后果[J]. 财经研究，（2）：49-60.

王亚平，刘慧龙，吴联生. 2009. 信息透明度、机构投资者与股价同步性[J]. 金融研究，（12）：162-174.

王咏梅，王亚平. 2011. 机构投资者如何影响市场的信息效率——来自中国的经验证据[J]. 金融研究，（10）：112-126.

王玉涛，陈晓，侯宇. 2010. 国内证券分析师的信息优势：地理邻近性还是会计准则差异[J]. 会计研究，（12）：34-40.

魏明海. 2005. 会计信息质量经验研究的完善与运用[J]. 会计研究，（3）：28-35.

肖浩，夏新平. 2011. 有限套利与股价同步性的实证研究[J]. 武汉理工大学学报（信息与管理工程版），33（4）：634-638.

谢德仁. 2011. 会计准则、资本市场监管规则与盈余管理之遏制:来自上市公司债务重组的经验证据[J]. 会计研究, (3): 19-26.

许年行, 洪涛, 吴世农, 等. 2011. 信息传递模式、投资者心理偏差与股价"同涨同跌"现象[J]. 经济研究, (4): 135-146.

游家兴. 2008. 市场信息效率的提高会改善资源配置效率吗?——基于R^2的研究视角[J]. 数量经济技术经济研究, (2): 110-121.

游家兴, 江伟, 李斌. 2007a. 中国上市公司透明度与股价波动同步性的实证分析[J]. 中大管理研究, (1): 147-164.

游家兴, 张俊生, 江伟. 2007b. 制度建设、公司特质信息与股价波动的同步性——基于R^2研究的视角[J]. 经济学(季刊), (1): 189-206.

袁知柱, 鞠晓峰. 2009. 制度环境、公司治理与股价信息含量[J]. 管理科学, (1): 17-29.

翟林瑜. 2004. 信息、投资者行为与资本市场效率[J]. 经济研究, (3): 47-54.

张先治, 于悦. 2013. 会计准则变革、企业财务行为与经济发展的传导效应和循环机理[J]. 会计研究, (10): 3-12.

赵宇龙. 1998. 会计盈余披露的信息含量——来自上海股市的经验证据[J]. 经济研究, (7): 41-49.

赵宇龙, 王志台. 1999. 我国证券市场功能锁定现象的实证研究[J]. 经济研究, (9): 56-63.

朱红军, 何贤杰, 陶林. 2007. 中国的证券分析师能够提高资本市场的效率吗——基于股价同步性和股价信息含量的经验证据[J]. 金融研究, (2): 110-121.

朱凯, 赵旭颖, 孙红. 2009. 会计准则改革、信息准确度与价值相关性——基于中国会计准则改革的经验证据[J]. 管理世界, (4): 47-54.

Abarbanell J S, Lehavy R. 2003. Biased forecasts or biased earnings? The role of reported earnings in explaining apparent bias and over/underreaction in analysts' earnings forecasts[J]. Journal of Accounting and Economics, 36 (1): 105-146.

Akerlof G A. 1970. The market for "lemons": quality uncertainty and the market mechanism[J]. Quarterly Journal of Economics, 84 (3): 488-500.

Alford A, Jones J, Leftwich R, et al. 1993. The relative informativeness of accounting disclosures in different countries[J]. Journal of Accounting Research, 31: 183-223.

Ali A, Hwang L S. 2000. Country-specific factors related to financial reporting and the value relevance of accounting data[J]. Journal of Accounting Research, 38 (1): 1-21.

Arunachalam V, Beck G M. 2002. Functional fixation revisited: the effects of feedback and a repeated measures design on information processing changes in response to an accounting change[J]. Accounting Organizations and Society, 27 (1): 1-25.

Ashbaugh H, Pincus M. 2001. Domestic accounting standards, international accounting standards, and the predictability of earnings[J]. Journal of Accounting Research, 39 (3): 417-434.

Baker M P, Wurgler J. 2000. The equity share in new issues and aggregate stock returns[J]. Journal of Finance, 55 (5): 2219-2257.

Ball R. 1972. Changes in accounting techniques and stock prices[J]. Journal of Accounting Research, 10: 1-38.

Ball R. 2006. International financial reporting standards (IFRS): pros and cons for investors[J]. Accounting and Business Research, 36 (sup1): 5-27.

Ball R, Brown P. 1968. An empirical evaluation of accounting income numbers[J]. Journal of Accounting Research, 6 (2): 159-178.

Ball R, Kothari S P, Robin A. 2000. The effect of international institutional factors on properties of accounting earnings[J]. Journal of Accounting and Economics, 29 (1): 1-51.

Ball R, Robin A, Wu J S. 2003. Incentives versus standards: properties of accounting income in four east Asian countries[J]. Journal of Accounting and Economics, 36 (1-3): 235-270.

Baron R M, Kenny D A. 1986. The moderator-mediator variable distinction in social psychological research: conceptual, strategic, and statistical considerations[J]. Journal of Personality and Social Psychology, 51 (6): 1173-1182.

Barth M E. 1991. Relative measurement errors among alternative pension asset and liability measures[J]. The Accounting Review, 66: 433-463.

Barth M E. 1994. Fair value accounting: evidence from investment securities and the market valuation of banks[J]. The Accounting Review, 69 (1): 1-25.

Barth M E, Landsman W R, Lang M H. 2008. International accounting standards and accounting quality[J]. Journal of Accounting Research, 46: 467-498.

Barth M E, Landsman W R, Lang M H, et al. 2013. Effects on comparability and capital market benefits of voluntary adoption of IFRS by US firms: insights from voluntary adoption of IFRS by non-US firms[R]. Working Paper, Available at SSRN.

Bartov E, Goldberg S R, Kim M. 2005. Comparative value relevance among German, US and international accounting standards: a German stock market perspective[J]. Journal of Accounting, Auditing & Finance, 20 (2): 95-119.

Beaver W H. 1968. The information content of annual earnings announcements[J]. Journal of Accounting Research, 6: 67-92.

Beaver W H, Christie A A, Griffin P A. 1980. The information content of SEC accounting series release No. 190[J]. Journal of Accounting and Economics, 2 (2): 127-157.

Beaver W H, Dukes R E. 1973. Interperiod tax allocation and-depreciation methods: some empirical results[J]. The Accounting Review, 48 (3): 549-559.

Behn B K, Choi J H, Kang T. 2008. Audit quality and properties of analyst earnings forecasts[J]. The Accounting Review, 83 (2): 327-349.

Bernard V L, Stober T L. 1989. The nature and amount of information in cash flows and accruals[J].

Accounting Review, 64 (4): 624-652.

Boehmer E, Kelley E K. 2009. Institutional investors and the informational efficiency of prices[J]. Review of Financial Studies, 22 (9): 3563-3594.

Bushee B J. 1998. The influence of institutional investors on myopic R&D investment behavior [J]. The Accounting Review, 73 (3): 305-333.

Bushman R M, Chen Q, Engel E, et al. 2004a. Financial accounting information, organizational complexity and corporate governance systems[J]. Journal of Accounting and Economics, 37 (2): 167-201.

Bushman R M, Piotroski J D, Smith A J. 2004b. What determines corporate transparency?[J]. Journal of Accounting Research, 42 (2): 207-252.

Bushman R M, Smith A J. 2001. Financial accounting information and corporate governance[J]. Journal of Accounting and Economics, 32: 237-333.

Byard D, Li Y, Yu Y. 2011. The effect of mandatory IFRS adoption on financial analysts' information environment[J]. Journal of Accounting Research, 49 (1): 69-96.

Campbell J Y, Lettau M, Malkiel B G, et al. 2001. Have individual stocks become more volatile? An empirical exploration of idiosyncratic risk[J]. The Journal of Finance, 56 (1): 1-43.

Chalevas C, Tzovas C. 2010. The effect of the mandatory adoption of corporate governance mechanisms on earnings manipulation, management effectiveness and firm financing: evidence from Greece[J]. Managerial Finance, 36 (3): 257-277.

Chambers A E, Penman S H. 1984. Timeliness of reporting and the stock price reaction to earnings announcements[J]. Journal of Accounting Research, 22 (1): 21-47.

Chan K, Hameed A. 2006. Stock price synchronicity and analyst coverage in emerging markets [J]. Journal of Financial Economics, 80 (1): 115-147.

Chang C, Yu X Y. 2010. Informational efficiency and liquidity premium as the determinants of capital structure[J]. Journal of Financial and Quantitative Analysis, 45 (2): 401-440.

Chen H F, Tang Q L, Jiang Y H, et al. 2010. The role of international financial reporting standards in accounting quality: evidence from the European union [J]. Journal of International Financial Management and Accounting, 21 (3): 220-278.

Chen Q, Goldstein I, Jiang W. 2007. Price informativeness and investment sensitivity to stock price[J]. Review of Financial Studies, 20 (3): 619-650.

Chiang S M, Chung H, Huang C M. 2012. Volatility behavior, information efficiency and risk in the S&P 500 index markets[J]. Quantitative Finance, 12 (9): 1421-1437.

Christensen H B. 2012. Why do firms rarely adopt IFRS voluntarily? Academics find significant benefits and the costs appear to be low[J]. Review of Accounting Studies, 17 (3): 518-525.

Christensen H B, Lee E, Walker M. 2009. Do IFRS reconciliations convey information? The effect of debt contracting[J]. Journal of Accounting Research, 47 (5): 1167-1199.

Cohen D A, Dey A, Lys T Z. 2008. Real and accrual-based earnings management in the pre-and post-sarbanes-oxley periods[J]. The Accounting Review, 83: 757-787.

Collins D W, Gong G J, Hribar P. 2003. Investor sophistication and the mispricing of accruals[J]. Review of Accounting Studies, 8: 251-276.

Collins D W, Hribar P .2000. Earnings-based and accrual-based market anomalies: one effect or two?[J]. Journal of Accounting and Economics, 29 (1): 101-123.

Collins D W, Kothari S P. 1989. An analysis of intertemporal and cross-sectional determinants of earnings response coefficients[J]. Journal of Accounting and Economics, 11 (2-3): 143-181.

Condie S, Ganguli J V. 2011. Ambiguity and rational expectations equilibria[J]. The Review of Economic Studies, 78 (3): 821-845.

Cornelius P K. 1993. A note on the informational efficiency of emerging stock markets[J]. Review of World Economics, 129: 820-828.

Covrig V M, Defond M L, Hung M. 2007. Home bias, foreign mutual fund holdings, and the voluntary adoption of international accounting standards[J]. Journal of Accounting Research, 45 (1): 41-70.

Dasgupta A, Prat A. 2008. Information aggregation in financial markets with career concerns[J]. Journal of Economic Theory, 143 (1): 83-113.

Daske H, Gebhardt G. 2006. International financial reporting standards and experts' perceptions of disclosure quality [J]. Abacus, 42 (3): 461-498.

Daske H, Hail L, Leuz C, et al. 2008. Mandatory IFRS reporting around the world: early evidence on the economic consequences[J]. Journal of Accounting Research, 46 (5): 1085-1142.

Dearman D T, Shields M D. 2010. Avoiding accounting fixation: determinants of cognitive adaptation to differences in accounting method[J]. Contemporary Accounting Research, 22(2): 351-384.

Dechow P M, Hutton A P, Sloan R G. 1996. Economic consequences of accounting for stock-based compensation[J]. Journal of Accounting Research, 34: 1-20.

Dechow P M, Sloan R G, Sweeney A P. 1995. Detecting earnings management[J]. The Accounting Review, 70 (2): 193-225.

Demski J S, Frimor H, Sappington D E M. 2004. Efficient manipulation in a repeated setting [J]. Journal of Accounting Research, 42 (1): 31-49.

Dhaliwal D S, Guenther D A, Trombley M A. 1999. Inventory accounting method and earnings-price ratios[J]. Contemporary Accounting Research, 16 (3): 419-436.

Dharan B G, Lev B. 1993. The valuation consequence of accounting changes: a multi-year examination[J]. Journal of Accounting Auditing and Finance, 8 (4): 475-494.

Downing C, Jaffee D, Wallace N. 2009. Is the market for mortgage-backed securities a market for lemons?[J]. Review of Financial Studies, 22 (7): 2457-2494.

Driscoll J C, Kraay A C. 1998. Consistent covariance matrix estimation with spatially dependent panel data[J]. The Review of Economics and Statistics, 80 (4): 549-560.

Durnev A, Morck R, Yeung B, et al. 2003. Does greater firm-specific return variation mean more or less informed stock pricing?[J]. Journal of Accounting Research, 41 (5): 797-836.

Durnev A, Morck R, Yeung B. 2004. Value-enhancing capital budgeting and firm-specific stock return variation[J]. Journal of Finance, 59 (1): 65-105.

Easton P D, Zmijewski M E. 1989. Cross-sectional variation in the stock market response to accounting earnings announcements[J]. Journal of Accounting and Economics, 11 (2/3): 117-141.

Edwards E O, Bell P W. 1961. The theory and measurement of business income[D]. California: University of California Press.

Ernstberger J, Krotter S, Stadler C. 2008. Analysts' forecast accuracy in Germany: the effect of different accounting principles and changes of accounting principles[J]. Business Research, 1 (1): 26-53.

Ewert R, Wagenhofer A. 2005. Economic effects of tightening accounting standards to restrict earnings management[J]. The Accounting Review, 80 (4): 1101-1124.

Fama E F. 1965. The behavior of stock-market prices[J]. The Journal of Business, 38 (1): 34-105.

Fama E F. 1970. Efficient capital markets: a review of theory and empirical work[J]. Journal of Finance, 25 (2): 383-417.

Fama E F. 1976. Forward rates as predictors of future spot rates[J]. Journal of Financial Economics, 3 (4): 361-377.

Fama E F, Fisher L, Jensen M C, et al. 1969. The adjustment of stock prices to new information[J]. International Economic Review, 10 (1): 1-21.

Fama E F, French K R. 1992. The cross-section of expected stock returns[J]. The Journal of Finance, 47 (2): 427-465.

Fan J P H, Wong T J.2002. Corporate ownership structure and the informativeness of accounting earnings in east Asia[J]. Journal of Accounting and Economics, 33 (3): 401-425.

Feltham G A, Ohlson J A. 1995. Valuation and clean surplus accounting for operating and financial activities[J]. Contemporary Accounting Research, 11 (2): 689-731.

Francis J, LaFond R, Olsson P, et al. 2005. The market pricing of accruals quality[J]. Journal of Accounting and Economics, 39 (2): 295-327.

Francis J, Schipper K. 1999. Have financial statements lost their relevance? [J]. Journal of Accounting Research, 37 (2): 319-352.

French K R, Roll R. 1986. Stock return variances: the arrival of information and the reaction of traders [J]. Journal of Financial Economics, 17 (1): 5-26.

Frederickson J R, Miller J S. 2004. The effects of pro forma earnings disclosures on analysts' and nonprofessional investors' equity valuation judgments[J]. The Accounting Review, 79 (3): 667-686.

Friedman D, Harrison G W, Salmon J W. 1984. The informational efficiency of experimental asset markets[J]. Journal of Political Economy, 92 (3): 349-408.

Glaum M, Baetge J, Grothe A, et al. 2013. Introduction of international accounting standards, disclosure quality and accuracy of analysts' earnings forecasts[J]. European Accounting Review, 22 (1): 79-116.

Gonedes N J, Dopuch N. 1974. Capital market equilibrium, information production, and selecting accounting techniques: theoretical framework and review of empirical work[J]. Journal of Accounting Research, 12: 48-129.

Grossman S J. 1995. Dynamic asset allocation and the informational efficiency of markets[J]. Journal of Finance, 50 (3): 773-787.

Grossman S J, Stiglitz J E. 1980. On the impossibility of informationally efficient markets[J]. The American Economic Review, 70 (3): 393-408.

Hand J R M. 1990. A test of the extended functional fixation hypothesis[J]. The Accounting Review, 65 (4): 740-763.

Haggard K S, Martin X, Pereira R. 2008. Does voluntary disclosure improve stock price informativeness?[J]. Financial Management, 37 (4): 747-768.

Healy P M. 1985. The effect of bonus schemes on accounting decisions[J]. Journal of Accounting and Economics, 7 (1/3): 85-107.

Healy P M, Palepu K G. 2001. Information asymmetry, corporate disclosure and the capital markets: a review of the empirical disclosure literature[J]. Journal of Accounting and Economics, 31: 405-440.

Hewitt M. 2009. Improving investors' forecast accuracy when operating cash flows and accruals are differentially persistent[J]. The Accounting Review, 84 (6): 1913-1931.

Hirst D E, Hopkins P E. 1998. Comprehensive income reporting and analysts' valuation judgments[J]. Journal of Accounting Research, 36: 47-75.

Hodder L, Hopkins P E, Wood D A. 2008. The effects of financial statement and informational complexity on cash flow forecasts[J]. The Accounting Review, 83 (4): 915-956.

Hope O K. 2003. Disclosure practices, enforcement of accounting standards, and analysts' forecast accuracy: an international study[J]. Journal of Accounting Research, 41 (2): 235-272.

Hopkins P E. 1996. The effect of financial statement classification of hybrid financial instruments on financial analysts' stock price judgments[J]. Journal of Accounting Research, 34: 33-50.

Horton J, Serafeim G, Serafeim I. 2013. Does mandatory IFRS adoption improve the information environment? [J]. Contemporary Accounting Research, 30 (1): 388-423.

Hribar P, Collins D W. 2002. Errors in estimating accruals: implications for empirical research[J]. Journal of Accounting Research, 40 (1): 105-134.

Hunton J E, Libby R, Mazza C L. 2006. Financial reporting transparency and earnings management[J]. The Accounting Review, 81 (1): 135-157.

Hutton A P, Stocken P C. 2009. Prior forecasting accuracy and investor reaction to management earnings forecasts[R]. Working paper, Boston College and Dartmouth College.

Ijiri Y, Jaedicke R K. 1966. Reliability and objectivity of accounting measurements[J]. The Accounting Review, 41 (3): 474-483.

Jensen R E. 1966. An experimental design for study of effects of accounting variations in decision making[J]. Journal of Accounting Research, 4 (2): 224-238.

Jensen M C. 1968.The performance of mutual funds in the period 1945-1964[J]. Journal of Finance, 23: 389-416.

Jensen M C, Meckling W H. 1976. Theory of the firm: managerial behavior, agency costs and ownership structure[J]. Journal of Financial Economics, 3 (4): 305-360.

Jiao T, Koning M, Mertens G, et al. 2012. Mandatory IFRS adoption and its impact on analysts' forecasts[J]. International Review of Financial Analysis, 21: 56-63.

Jin L, Myers S C. 2006. R^2 around the world: new theory and new tests[J]. Journal of Financial Economics, 79 (2): 257-292.

Jones J J. 1991. Earnings management during import relief investigations[J]. Journal of Accounting Research, 29 (2): 193-228.

Judd C M, Kenny D A. 1981. Process analysis estimating mediation in treatment evaluations[J]. Evaluation Review, 5 (5): 602-619.

Kadous K, Mercer M, Thayer J M. 2009. Is there safety in numbers? The effects of forecast accuracy and forecast boldness on financial analysts' credibility with investors[J]. Contemporary Accounting Research, 26 (3): 933-968.

Kim J B, Shi H N. 2012. IFRS reporting, firm-specific information flows, and institutional environments: international evidence[J]. Review of Accounting Studies, 17 (3): 474-517.

King B F. 1966. Market and industry factors in stock price behavior[J]. The Journal of Business, 39 (1): 139-190.

Kohlbeck M J, Warfield T D. 2010. Accounting standard attributes and accounting quality: discussion and analysis[J]. Research in Accounting Regulation, 22 (2): 59-70.

Kothari S P. 2001. Capital markets research in accounting[J]. Journal of Accounting and Economics,

31（1/3）: 105-231.

Kormendi R C, Lipe R C. 1987. Earnings innovations, earnings persistence, and stock returns[J]. The Journal of Business, 60（3）: 323-345.

La Porta R, Lopez-de-Silanes F, Shleifer A, et al. 1998. Law and finance[J]. Journal of Political Economy, 106（6）: 1113-1155.

Lang M H, Lundholm R J. 1993. Cross-sectional determinants of analyst ratings of corporate disclosures[J]. Journal of Accounting Research, 31（2）: 246-271.

Lee C J. 1988. Inventory accounting and earnings/price ratios: a puzzle[J]. Contemporary Accounting Research, 5（1）: 371-388.

Leuz C. 2003. IAS versus US GAAP: information asymmetry-based evidence from Germany's new market[J]. Journal of Accounting Research, 41（3）: 445-472.

Leuz C, Verrecchia R E. 2000. The economic consequences of increased disclosure[J]. Journal of Accounting Research, 38: 91-124.

Lev B. 1989. On the usefulness of earnings and earnings research: lessons and directions from two decades of empirical research[J]. Journal of Accounting Research, 27: 153-192.

Lintner J. 1965. The valuation of risk assets and the selection of risky investments in stock portfolios and capital budgets[J]. The Review of Economics and Statistics, 47（1）: 13-37.

Loureiro G, Taboada A G. 2011. The impact of IFRS adoption on stock price informativeness[J]. SSRN Electronic Journal.

Lys T, Soo L G. 1995. Analysts' forecast precision as a response to competition[J]. Journal of Accounting, Auditing and Finance, 10（4）: 751-765.

Madhavan A, Panchapagesan V. 2000. Price discovery in auction markets: a look inside the black box[J]. Review of Financial Studies, 13（3）: 627-658.

Maines L A, McDaniel L S. 2000. Effects of comprehensive-income characteristics on nonprofessional investors' judgments: the role of financial-statement presentation format[J]. The Accounting Review, 75（2）: 179-207.

Morck R, Yeung B, Yu W. 2000. The information content of stock markets: why do emerging markets have synchronous stock price movements?[J]. Journal of Financial Economics, 58(1): 215-260.

Murphy K J, Zimmerman J L. 1993. Financial performance surrounding CEO turnover[J]. Journal of Accounting and Economics, 16（1/3）: 273-315.

Nelson K. 1996. Fair value accounting for commercial banks: an empirical analysis of SFAS No.107[J]. The Accounting Review, 71（2）: 161-182.

Ohlson J A. 1995. Earnings, book values and dividends in equity valuation[J]. Contemporary Accounting Research, 11（2）: 661-687.

Peasnell K V. 1982. Some formal connections between economic values and yields and accounting numbers[J]. Journal of Business Finance and Accounting, 9（3）: 361-381.

Piotroski J D, Roulstone D T. 2004. The influence of analysts, institutional investors, and insiders on the incorporation of market, industry, and firm-specific information into stock prices[J]. The Accounting Review, 79（4）: 1119-1151.

Pope P F. 2003. Discussion of disclosure practices, enforcement of accounting standards, and analysts' forecast accuracy: an international study[J]. Journal of Accounting Research, 41（2）: 273-283.

Quigley N R, Tesluk P E, Locke E A, et al. 2007. A multilevel investigation of the motivational mechanisms underlying knowledge sharing and performance[J]. Organization Science, 18（1）: 71-88.

Roll R. 1988. R^2 [J]. The Journal of Finance, 43: 541-566.

Roychowdhury S. 2006. Earnings management through real activities manipulation[J]. Journal of Accounting and Economics, 42（3）: 335-370.

Rubinstein M. 1975. Securities market efficiency in an Arrow-Debreu economy[J]. American Economic Review, 65（5）: 812-824.

Sami H, Zhou H Y. 2004. A comparison of value relevance of accounting information in different segments of the Chinese stock market[J]. The International Journal of Accounting, 39（4）: 403-427.

Schipper K. 1989. Commentary on earnings management[J]. Accounting Horizons, 3（4）: 91-102.

Schipper K. 1991. Analysts' forecasts[J]. Accounting Horizons, 5（4）: 105-121.

Schipper K. 2003. Principles-based accounting standards[J]. Accounting Horizons, 17（1）: 61-72.

Sharpe W F. 1964. Capital asset prices: a theory of market equilibrium under conditions of risk[J]. The Journal of Finance, 19（3）: 425-442.

Shleifer A, Vishny R W. 1997. A survey of corporate governance[J]. The Journal of Finance, 52（2）: 737-783.

Sloan R G. 1996. Do stock prices fully reflect information in accruals and cash flows about future earnings?[J]. The Accounting Review, 71（3）: 289-315.

Subramanyam K R, Wild J J. 1996. Going-concern status, earnings persistence, and informativeness of earnings[J]. Contemporary Accounting Research, 13（1）: 251-273.

Teoh S H, Welch I, Wong T J. 1998a. Earnings management and the long-run market performance of initial public offerings[J]. The Journal of Finance, 53（6）: 1935-1974.

Teoh S H, Wong T J, Rao G R.1998b. Are accruals during initial public offerings opportunistic?[J]. Review of Accounting Studies, 3（1/2）: 175-208.

Theissen E. 2000. Market structure, informational efficiency and liquidity: an experimental comparison of auction and dealer markets[J]. Journal of Financial Markets, 3（4）: 333-363.

Vergoossen R G A. 1997. Changes in accounting policies and investment analysts' fixation on accounting figures[J]. Accounting Organizations and Society, 22 (6): 589-607.

Verrecchia R E. 1979. On the theory of market information efficiency[J]. Journal of Accounting and Economics, 1 (1): 77-90.

Watts R L, Zimmerman J L. 1986. Positive Accounting Theory[M]. Upper Saddle River: Prentice Hall.

West K D. 1988. Dividend innovations and stock price volatility[J]. Econometrica, 56 (1): 37-61.